Schulz-Besser, Ernst

Die Karikatur im 1. Weltkrieg

EUROPÄISCHER
HOCH
SCHUL
VERLAG

Schulz-Besser, Ernst

Die Karikatur im 1. Weltkrieg

ISBN: 978-3-86741-351-0

Auflage: 1
Erscheinungsjahr: 2010
Erscheinungsort: Bremen, Deutschland

Bei diesem Titel handelt es sich um den Nachdruck eines historischen, lange vergriffenen Buches aus dem Verlag E. A. Seemann (Leipzig). Da elektronische Druckvorlagen für diese Titel nicht existieren, musste auf alte Vorlagen zurückgegriffen werden. Hieraus zwangsläufig resultierende Qualitätsverluste bitten wir zu entschuldigen.

Ernst Schulz-Besser

Die Karikatur im Weltkriege

· Erich Gruner ·

Verlag E. A. Seemann in Leipzig

Die Karikatur
im Weltkriege

Abb. 1. Johan Braakensiek: Hoheit dürfen nicht ohne Gefolge reisen!
Holländische Karikatur, unmittelbar nach Ausbruch des Krieges erschienen

enn irgend etwas, so spiegelt die Karikatur [die Empfindungen der ver=
schiedenen Völker, ihre Zuneigungen oder Abneigungen, die ganze
Stufenleiter ihrer Gefühle wider. Es ist eine alte Wahrheit, daß die
Kultur oder oft besser gesagt — die Unkultur nirgends packender zum Aus=
druck kommt als im Spottbilde. An der Hand der Karikaturen können wir nicht
nur die Stimmung in den feindlichen Ländern verfolgen, sondern auch die schwan=
kenden Anschauungen in „Neutralien" kennen lernen, wo Freunde und Feinde
der Zentralmächte vereinigt leben. So kommt es, daß sich auch in der Karikatur
das Drama „Weltkrieg" abspielt, das alle ohne Ausnahme in Mitleidenschaft ge=
zogen hat und jedes Land zu irgendeiner Rolle zwingt. Denn immer geringer wer=
den die bloßen Zuschauer. Die bedeutenderen Zeichner aller Völker greifen tätig
in die gewaltigste Bewegung ein, die je eine Zeit erfüllt hat.

Schon der letzte große Krieg, den das Deutsche Reich schlagen mußte, der
von 1870/71, hatte eine Fülle von Karikaturen im Gefolge. Namentlich das
besiegte Frankreich stellte eine große Masse von Spottbildern her, die sich mehr
durch Schamlosigkeit und Rohheit, als durch künstlerische Werte auszeichneten. Der
damals schon 60 Jahre alte Honoré Daumier war mit immer noch recht beachtens=
werten Leistungen vertreten. Es ergibt sich eine schier unübersehbare Menge von
vielen Zehntausenden von Karikaturen über Personen und Dinge des deutsch=
französischen Krieges. Zwar vermögen uns — mit wenigen Ausnahmen — diese
satirischen Kleinkünste (auch die deutschen) ästhetisch ebensowenig zu befriedigen
wie die deutschen Schlachtengemälde des siebziger Krieges, doch als geschichtliche

1

und kulturgeſchichtliche Dokumente ſind ſie uns wert, als Erinnerung an eine große Zeit. Heute hat es der Künſtler der Gegenwart, der mit ins Feld hinauszieht, um Studien zu machen, bedeutend ſchwerer als ſeine Kollegen von 1870. Erſtens haben ſich unſere Kunſtanſchauungen gewandelt und zwar gründlich, dann aber ſieht ſich jetzt der Zeichner bei der modernen Gefechtsweiſe vor eine ungleich ſchwierigere Aufgabe geſtellt als ſeine Vorgänger von damals, wenn er dem Erleben ſinnlichen Ausdruck geben will.

Eine ſehr umfangreiche Sammlung von Karikaturen aus der Zeit des ſieb= ziger Krieges beſitzt die Berliner Königliche Bibliothek, die auch diesmal neben anderen Inſtituten und zahlreichen Privaten die Veröffentlichungen über den Welt= krieg eifrig ſammelt. Durchaus nicht alles, was erſcheint, iſt literariſch und künſtleriſch bedeutſam, aber echte Sammler heben dieſe Dinge auf, auch das Kleinſte und Un= ſcheinbarſte, als vergängliche Zeugniſſe einer ungeheuer großen Zeit, mit der ein neuer Abſchnitt der Weltgeſchichte beginnt.

Wie verhältnismäßig leicht hatten es die Sammlungen und Sammler der ſiebziger Jahre — trotz der Fülle des Erſchienenen — gegen die unſerer Tage! Zwar in Frankreich iſt unter dem Druck der gewaltigen Ereigniſſe der Born der Satire zunächſt nur langſam gefloſſen, die Künſtler des Humors und Witzes hatten das Lachen verlernt, oder es war zur Grimaſſe geworden. Aber die andern Län= der, vor allem Deutſchland, wetzten dieſe Scharte überreichlich aus. Gerade weil es niemand, auch den öffentlichen Sammlungen nicht, gelingen wird, eine auch

Abb. 2. Nicholas Haz: Die Armee der Zivilisation.
(The Fatherland, New York.)

Abb. 3. Japanische Karikatur aus Tokio. (Stellungskrieg Winter 1914.)

„Auf dem europäischen Kriegsschauplatze ist jetzt nicht viel Tätigkeit zu bemerken, kein Wunder: beide Teile sind eingefroren. Sie scheinen der aufgehenden Sonne (Japan) zum Auftauen zu benötigen."

nur annähernde Vollständigkeit zu erreichen, bietet sich dem einzelnen hier ein fruchtbares Feld. Aber es heißt, rasch zugreifen. Schon sind manche Einblattdrucke und Gelegenheitszeitungen außerordentlich selten.

Ein trefflicher Maßstab für die wirtschaftliche Leistungsfähigkeit eines Landes ist seine Fachpresse; ihr Fortbestehen während der Kriegszeit kennzeichnet am besten die Widerstandskraft eines Reiches. In Frankreich haben viele wissenschaftliche Zeitschriften ihr Erscheinen im Sommer 1914 eingestellt und fehlen zum Teil noch heute. Die großen Tageszeitungen kommen auch jetzt noch in sehr verringertem Umfange heraus, während in England und in Deutschland fast die gesamte Presse ohne Unterbrechungen und Kürzungen erscheint und außerdem eine große Reihe neuer fortlaufender Veröffentlichungen entstanden ist. Auch das ist ein Zeichen deutscher Kraft und Überlegenheit. Ja, es ist der Fülle des Guten bei uns etwas reichlich viel geworden! Schon im November 1914 klagten die Buchhändler darüber, daß jeder Verleger sich verpflichtet fühle, eine Kriegsgeschichte herauszugeben, und daß es ihnen unmöglich sei, allen Wünschen um Verwendung für diesen reichen Segen nachkommen zu können. Waren doch schon in den ersten Wochen mehrere Dutzend Kriegs=Chroniken in Lieferungen angezeigt worden!

Selbst in den ernstesten Zeiten ist Witz und Satire nicht zu bannen; auch während dieses fürchterlichen Völkerringens lassen sich heitere Augenblicksbilder nicht ausschalten. Und schließlich, halten wir uns doch immer vor Augen: wirt=

licher Humor ist nur bei sittlich reifen und wahrhaft ernsten Menschen zu finden. Es wäre ja auch schlimm bestellt, wenn den vielen Millionen, deren Nerven jetzt aufs äußerste in Anspruch genommen werden, der Sinn für den Scherz verloren ginge! Die Karikatur ist eben eine Großmacht. Ein gut gezeichnetes Blatt prägt sich dem Gedächtnis weit stärker ein als der schönste Leitartikel, und manche Blätter können sogar erzieherisch wirken! Aber der Humor leistet noch mehr: er hilft den Kampf gewinnen. „Ich habe hier draußen die Erfahrung gemacht", schreibt der Tübinger Nationalökonom Professor Robert Wilbrandt als Ortskommandant von La Roche bei Longwy an den „Kladderadatsch", „wie wohltuend der Humor aus der Heimat uns ist, gerade jetzt in diesem einzigen Kampf, wo er jubelnd erklingt, wo er so ganz andere Objekte und so viel Grund hat zum Lachen. Für mich und meinen Zug habe ich durch Bestellung gesorgt; das zirkuliert dann noch weiter. Aber was bedeutet das gegenüber dem Bedürfnis; an der Front ist es gewiß noch viel stärker als hier beim friedlichen Landsturm. Eine nationale Mission ist zu er= füllen. Der Humor schlägt Schlachten. Im feuchten Schützenloch hilft er mit. Witz= blätter an die Front! Das ist meine Bitte an Herausgeber, Stifter, Vereine, Lie= besgabenspender. Möge Ihr Blatt diese Bitte beherzigen, unterstützen und ver= breiten!"

Dem „Kladderadatsch", der in den annähernd siebenzig Jahren seines Be= stehens immer und fast ausschließlich die politische Satire pflegte und über einen ausgezeichneten Stab von Mitarbeitern, vor allem auch unter seinen Zeichnern, verfügt, war es nicht schwer, der begeisterten Erhebung der Deutschen Ausdruck in Wort und Bild zu verleihen. Von Gustav Brandt, dem Schüler der Düsseldorfer und Berliner Akademie, rührt seit Jahrzehnten das künstlerisch Feinste und Wich= tigste her, das der „Kladderadatsch" gebracht hat. Weltbekannt sind seine Por= träts berühmter Zeitgenossen, denen er jetzt unter anderm das Bildnis des eigent= lichen Urhebers des ganzen Krieges hinzugefügt hat (Abb. 4). „Wie dem Kothurn= schritt der alten Tragödie das leichte Satyrspiel folgte, so hat der Ernst der Geschichte, so hat der Ernst des Lebens immer den Humor und den Witz zur Seite gehabt, denn nur durch diese Begleitschaft wird der Ernst des Lebens uns erträglich ge= macht. Es ist dies die idealere Seite unserer Witzblätter, wenn sie ihre Aufgabe richtig verstehen," schrieb er beim Erscheinen der ersten Kriegsnummer. Aber auch die andern deutschen Witzblätter, und selbst solche, die vorwiegend die gesellschaft= liche Satire behandeln, nahmen rasch eine Neuordnung vor. Die Themen, die noch im Juli 1914 die Hauptsache bildeten, versanken vor größeren Aufgaben. Die Klänge des Two-Steps übertönte das Summen der 42er Brummer, und der Tango ging in den masurischen Sümpfen mit unter.

Selbst deutsche Witzblätter, die sich sonst von der Politik vollständig fernhielten, haben sich den veränderten Verhältnissen fügen müssen und bringen nun auch Kriegswitze und Kriegskarikaturen. In den „Meggendorfer Blättern" finden sich recht hübsche Illustrationen von tüchtigen Zeichnern. In den „Fliegenden Blät= tern" ist ebenfalls der sonst den Schwiegermüttern, zerstreuten Professoren, Dackeln und stehengebliebenen Regenschirmen geweihte Raum teilweise mit netten, stuben=

reinen Witzen, die sich in irgendeiner Weise mit dem Weltkrieg beschäftigen, angefüllt.

Und dabei sind die besten Scherze die ungewollten. Man denkt da an jene alte Frau, die auf die Frage, wie es ihrem Sohn ginge, glückselig antwortete: „Ja, zuerst hat er es sehr schwer gehabt, da hatte er wenig Ruhe, aber jetzt kann er in einemfort schlafen." Sie hatte die Worte „in einem Fort" mißverstanden. — Als das (falsche) Gerücht am Anfang des Krieges verbreitet war, die Franzosen hätten durch Spione im Elsaß die Brunnen durch Cholerabazillen vergiften lassen, erzählte es ein biederer Sachse seinem Freunde auf der elektrischen Bahn. Er sprach aber immer nur von „Cholera-Pillen", die die Franzosen ins Wasser geworfen hätten (da war es natürlich kein Wunder, daß die Abführung so rasch erfolgte!).

Außerordentlich groß war der Absatz, den die führenden deutschen Witzblätter fanden. Der „Kladderadatsch" mußte einzelne Nummern siebenmal neu drucken lassen, „Lustige Blätter", „Ulk", „Jugend" und „Der wahre Jakob" konnten ihre Gesamtauflagen wesentlich erhöhen. Solche Zeitschriften wirken aufklärend im Auslande, denn der vom Feinde irregeführte Neutrale

Abb. 4. Gustav Brandt: „Eduard VIII." von England, der Mann ohne Gewissen. Karikatur auf den unmittelbaren Urheber des Krieges, den englischen Minister des Auswärtigen Edward Grey. (Kladderadatsch.)

wird sich sagen, wer so zu lachen vermag, der kann nicht, wie man mir einreden will, geschlagen am Boden liegen. Auch der neu entstandene „Brummer" hatte großen Erfolg. Und die verwöhntere Ansprüche befriedigenden Nummern der „Kriegszeit" aus dem Verlage von Paul Cassirer in Berlin, in denen Führer der deutschen Griffelkunst wie Max Liebermann und August Gaul dem Geiste der Zeit künstlerischen Ausdruck gaben, fanden weit über den Kreis der eigentlichen Graphiksammler hinaus zahlreiche Freunde. Ganz erstaunlich aber war der Umsatz in Postkarten; ein einziger Berliner Verlag verkaufte von Ansichtskarten mit Karikaturen in einer Woche dreiviertel Millionen!

Der Weltkrieg hat mit vielem Morschen und Kranken aufgeräumt und reinigend gewirkt, er hat aber auch einen massenweisen Auftrieb von allerhand Schund zur Folge gehabt, der stets

von neuem zeigt, wie gering das Verständnis für ein so gewaltiges Er=
eignis noch immer in manchen Köpfen ist. Was allein auf kunstgewerblichem
Gebiete, wenn man den Ausdruck kunstgewerblich für diese Machwerke über=
haupt anwenden kann, an Greueln geschaffen worden ist, spottet jeder
Beschreibung. Es genügt hier, flüchtig an die 42 cm=Mörser=Schirmständer, an
schwarz=weiß=rote Kinderbälle mit der Aufschrift „Ich kenne keine Parteien mehr",
an die Krawatten mit „Gott strafe England", an die Granatsplitter als Vorsteck=
nadeln und die Hindenburg=Schnupftücher zu erinnern (die ja auch in das Gebiet
der Karikatur fallen, wenn auch in das der unfreiwilligen), um sich all diesen Unrat
ins Gedächtnis zu rufen. Das Kgl. Landesgewerbemuseum in Stuttgart vereinigt
in seiner Sammlung der Geschmacksverirrungen die Erzeugnisse jenes After=Kunst=
gewerbes, das, auf den Ungeschmack der Menge rechnend, den Patriotismus
durch Massenerzeugung allerlei kriegsaktueller Attrappen und Surrogatscherze aus=
beutet. Leider haben ja auch, wie die letzte Leipziger Messe zeigte, selbst altehr=
würdige und unabhängige Porzellanmanufakturen sich von der Mode hinreißen
lassen und dem Geschmack der breiten Masse Rechnung getragen. Hier zeigt sich,
daß der Krieg das ästhetische Gefühl oft sehr ungünstig beeinflußt. Auch vor den
Millionen von Kriegsgedichten
packt weite Kreise allmählich
ein wachsender Überdruß. Man
hat es schließlich satt, noch
weiter akademischen Stil=
übungen offizieller und in=
offizieller Dichter zu lauschen.
Reime wie Rote Hosen und
Franzosen, Serben und Ster=
ben, Brummer und Kummer,
Japs und Klaps sind in Miß=
kredit gekommen, sodaß man
sie kaum noch beachtet. Selbst
der Reim French auf Mensch,
für den es bisher keinen gab,
(schon Grabbe sagt: „Warum
sind Mensch und Jungfrau
ungereimte Worte?"), hat all=
mählich an Wert verloren (die
Dichter müßten eigentlich
French für sein Erscheinen auf
den Knien danken). Auch Joffre
und Koffer ist nachgerade ab=
geschmackt geworden und es
ist noch ein Glück für den
französischen General, daß

Abb. 5. Ricardo Marin: Der Geist Hamlets.
„Sein oder Nichtsein ist die Frage".
(Nuevo Mundo, Madrid.)

Abb. 6. P. van der Heem: Italiens Lage. Die Versuchung des heiligen Antonius.
(De Nieuwe Amsterdammer, Amsterdam.)

er nicht Jaffre heißt. Und was von den poetischen Gaben gesagt wird, trifft auch auf die Karikaturen zu. Das Kriegsbild, und nicht zum wenigsten die Kriegs= karikatur, beherrscht die Stunde, aber es ist beileibe nicht immer ein angenehmes Herrschertum.

Der jetzige Krieg ist etwas so Gewaltiges, die militärischen Leistungen auf deut= scher Seite sind so über jedes Lob erhaben, daß sie in der Dichtkunst ebensowenig wie in der bildenden Kunst jemals völlig verarbeitet werden können. Was er uns bisher gebracht hat, ist weder eine neue, noch eine besonders eigenartige Kunst. Eher darf man behaupten, daß er durch viele Tausende von flachen und minder= wertigen Dingen kunstvernichtend gewirkt hat. Was von den „Mundbarbaren" gilt, trifft zu einem großen Teile auch auf die „Barbaren des Griffels" zu. Da sind beispielsweise die sehr unerfreulichen Schützengrabenwitze und =Illustrationen. Wollte man den Zeichnern glauben, so lebte es sich dort wie in einer Laubenkolonie. Unwahrhaftigkeit ist es, was so viele Bilder unverdaulich macht. Vielfach stört auch die allzu häufige Wiederholung des gleichen Vorwurfs, das ständige Wiedererscheinen der gleichen Typen, wie bei dem als Porträtmaler sonst geschätzten Ernst Heile= mann. Hin und wieder gelingt ihm aber auch ein originelles Blatt, wie die inter= nationale Völkerschau unserer Gefangenen, die in größerem Formate und mit der Unterschrift „Quelques champions de la civilisation, de la liberté et du progrès" in Belgien angeschlagen wird, damit die Belgier ihre verbündeten Kulturträger: Neger, Hottentotten, Menschenfresser und andere Gentlemen stets vor Augen haben. Diese farbige Zeichnung ist auch als Postkarte mit französischem Texte vom deutschen Großen Hauptquartier im Westen verschickt worden. Aber auch dieses Thema ist in witzigerer Art in einer Karikatur behandelt worden, die „The Father= land" brachte, jenes in englischer Sprache in Nordamerika von Deutsch=Amerikanern herausgegebene Blatt, das die deutschen Interessen in den Vereinigten Staaten durch Aufklärung der englisch denkenden Amerikaner fördern hilft (Abb. 2). Auch die Figuren von Heinrich Zille sehen immer gleich aus. Diese französischen Weiber und Kinder scheinen ganz frisch aus Berlin O importiert zu sein, mit dem einzigen Unterschied, daß die ersteren nicht, wie sonst bei Zille, den man den „Meister der schwangeren Frauen" nennen könnte, fortgesetzt in anderen Umständen herum= laufen (womit er wohl diskret den Geburtenrückgang in Frankreich andeuten will.)

Glücklicherweise gibt es aber auch in Deutschland Karikaturisten, die sich mit den allerbesten anderer Länder messen können. An erster Stelle steht wieder mit Leistungen, die auch künstlerisch voll befriedigen, der „Simplicissimus", und hier besonders der Skandinavier Olaf Gulbransson, der ja seit langen Jahren ganz zu uns Deutschen gehört. Neben seinem engeren Kollegen Th. Th. Heine und neben G. Brandt und A. Johnson vom „Kladderadatsch" marschiert er an der Spitze der zeitgenössischen deutschen Karikaturenzeichner. Wollte man ihm gerecht werden, so müßte man schlechtweg seine sämtlichen Arbeiten im „Simplicissimus" nennen, denn gelungen sind sie alle. Wie glänzend weiß er seine Helden zu charakterisieren, ohne durch gewaltsame Verzerrung Grotesken zu schaffen! In seiner Hand ist die Karikatur nicht nur im etymologischen Sinne des Wortes „Übertreibung", hier

Abb. 7. A. Johnson: Maßregeln gegen die Deutschen in England.
Koburger im Konzentrationslager. (Kladderadatsch.)

wird sie zu einer großartigen politischen Satire. Man betrachte seine beiden Zeich= nungen gegen die Japaner (Abb. 8 u. 9). Ist hier nicht restlos die Stimmung wiedergegeben, die alle Kreise unseres Landes gegen das Volk erfaßte, das Kiautschou raubte? Auch andere Zeichner haben (es war ja sehr billig) die Japse als Affen dargestellt, in allen Zeichnungen traten sie als Vierhänder auf, aber niemandem ist das mit solch raffinierter Beschränkung in den künstlerischen Mitteln gelungen wie Gulbransson. Durch den Nachsatz „Auf den Protest beleidigter Schimpansen

Wir schlagen vor, die noch in Deutschland befindlichen Japaner in den Zoologischen Gärten aufzubewahren. Auf den Protest beleidigter Schimpansen kann keine Rücksicht genommen werden

Abb. 8. Olaf Gulbransson: Da gehören sie hin!

(Simplicissimus.)

tann keine Rückſicht genommen werden!" erhält das Bild erſt die richtige Wucht: alſo noch unter die Affen werden die Japaner geſtellt! Wie köſtlich iſt der belei= digte Schimpanſe! Der Künſtler drückt damit denſelben Gedanken aus, den die „Jugend" in die Worte kleidete: „Die Japaner haben den Augenblick, da Deutſch= land mit vier Staaten zugleich Krieg führt, dazu benutzt, ihm Kiautſchou zu ſtehlen. Damit ſind ſie vom Niveau anſtändiger Makaken auf die Stufe von Engländern herabgeſunken!" Aber nicht bloß als Quadrumanen zeigt uns Gulbransſon die Japaner; er iſt auch der einzige, der noch eine andere Löſung fand, dem Haß gegen den engliſchen Helfershelfer bildlichen Ausdruck zu geben: in der Zeichnung „Die

Abb. 9. Olaf Gulbransson: Deutsche Wacht in Kiautschou.
(Simplicissimus.)

12

Abb. 10. Die Zentralmächte und Rußland.
Russische Karikatur aus d. Nowoje Wremja, St. Petersburg.

Wacht in Kiautſchou", wo die Mongolen den wie ein einſamer Fels ſtehenden deutſchen Ritter als unzählige Wellenköpfe umbranden, um ſchließlich, allein durch ihre Maſſe, über ihn zu triumphieren. Reine Freude gewährt auch ſeine „Alpenwacht" in der Italiennummer, wo auf gelbem Hintergrunde ſich der deutſche Reichsaar und der öſterreichiſche Doppeladler mit kraftvollem Schwarz maſſig und gewaltig abheben, während in der Ferne das Diminutivum eines Italieners erſcheint, nur aus einem großen Maule beſtehend: „Und der will uns etwas anhaben, der iſt ja nur auf Singvögel eingeſchoſſen." Mit ein= fachen Mitteln iſt hier eine große Wirkung erreicht. Dieſes Blatt iſt durch die flächige Behandlung auch dekorativ ſehr wirkungsvoll. Ausgezeichnet ſind ferner die Beiträge von Ragnvald Blix im „Simpliciſſimus". Neben dem Schweden Gulbranſſon iſt dieſer Norweger eine der größten Begabungen, die in Deutſchland arbeiten. Seine reiche Phantaſie weiß die Perſönlichkeiten, die er ſich vornimmt, außerordentlich witzig zu charakteriſieren. Hier braucht nur an ſeine famoſe Karikatur „An der Oſtfront" erinnert zu werden: „Ganghofer iſt da — der Sturm kann beginnen." Nur wenige wiſſen, daß Blix noch vor einigen Jahren viel für franzöſiſche Zeitungen, unter anderen auch für „Le Rire" und „Le

Journal" gezeichnet hat. Er wurde bekannt durch eine Serie Karikaturen auf klassische Gemälde, die zuerst als Sammlung „Le voile tombe" 1908 herauskam und auch deutsch im gleichen Jahre unter dem Titel „Nach alten Meistern" erschien.

Bei der riesigen Fülle ist es schwer, den Weizen von der Spreu zu sondern. Den Karikaturen des feindlichen Auslandes gegenüber muß dabei mit großer Weit= herzigkeit begegnet werden. Zeitgeschichtliche Dokumente von bleibendem Wert sind auch scharfe und bissige Karikaturen des Feindes, sofern sie nur geistreich sind; sie haben tausendmal mehr Wert, als ein fader und süßlicher Kitsch, wenn er sich auch noch so hurrapatriotisch gebärdet. Gerade wir Deutsche als Sieger dürfen im Gefühl unserer überlegenen Kraft nicht zu empfindlich sein und müssen Humor genug besitzen, auch in der schärfsten Karikatur des Auslandes gegen uns den witzigen Gedanken und die künstlerische Qualität sehen zu können! Wenn irgendwo, so soll hier der Satz gelten: „Tout com= prendre c'est tout pardonner." Es wäre ein ganz falsch verstan= dener Patriotismus, alle anti= deutschen Karikaturen des Aus= landes in Bausch und Bogen zu verurteilen. Bringen doch sogar die Franzosen, denen man gewiß keine übermäßige Objektivität nach= rühmen kann, in ihren Witzblättern regelmäßig Reproduktionen deutscher Scherzbilder, die in schärfster Weise französische Zustände geißeln. In einer der Nummern von „Le Rire" vom Herbst 1915 erschien Gulbranssons englischer Löwe, den seine Verbündeten um Hilfe anrufen: „Was wollt ihr, das ich alles leisten soll! Habe ich nicht Dünkirchen und Calais be= setzt?" (Diese deutsche Satire in einem französischen Blatte! Das läßt doch tief blicken!) Und auch die Engländer haben gezeigt, daß sie Sinn für Humor besitzen, als sie Lissauers „Haßgesang gegen England" (vor dessen interna=

Abb. 11. Die unparteiischen Kriegskorrespondenten.
Björn Björnson empfängt seine Instruktionen vom Reichskanzler Bethmann Hollweg, Franz von Jessen von General Joffre.
(Klods-Hans, Kopenhagen.)

14

tionaler Berühmtheit dem Autor jetzt selber graust) in einer, übrigens meisterhaften englischen Übersetzung für gemischten Chor vertont öffentlich im Royal College of Music zum Vortrag brachten; man denke: Engländer den Haßgesang gegen das eigene Land! Der Dirigent Sir Walter Parratt, der die Aufführung leitete, lobte in den Zeitungen den Enthusiasmus, mit dem der Chor die Komposition vortrug und bedauerte nur, daß er Lissauer kein Telegramm über den großen Erfolg senden konnte. Der Haßgesang kommt ja bei uns in Deutschland allmählich aus der Mode. Kurz nach seiner Entstehung wurde er als Lied eines bayrischen Soldaten im bay= rischen Heere verbreitet (darauf bezieht sich Abb. 12 aus dem „Punch"); jetzt warnt das bayrische Unterrichtsministerium vor der Pflege des Hasses in den Schulen und wünscht die Ausmerzung des Haßgesanges aus den Lesebüchern, in denen er Aufnahme gefunden hat. Ein gerechter Krieg bedarf keinerlei Anstachelung durch Haßgesänge!

Eine der unerfreulichsten Erscheinungen waren die sogenannten Ulkkarten. Auf die französischen Gemeinheiten wird weiter unten eingegangen werden, aber auch bei uns ist mancherlei Böses auf diesem Gebiete verbrochen worden. Man hätte glauben dürfen, solche Ausbrüche als längst überwunden betrachten zu können. Das waren keine Satiren auf die Feinde, das waren vielmehr Karikaturen auf den Patriotismus selber! Traurig genug, daß sich augenscheinlich doch genügend Ab= nehmer für diese auf die niedrigsten Instinkte spekulierenden Machwerke sogenannter „Auch=Verleger" fanden, die Unsinn mit Witz und Phrasendrescherei mit Patrio= tismus verwechselten. Natürlich fanden sie auch den Weg ins Ausland und wurden

Abb. 12. Geo. Morrow: Der Haßgesang.
(Punch, London, Dezember 1914.)

„Wenn ich fechs Hengfte zahlen kann,
Sind ihre Kräfte nicht die meine?

Ich renne zu und bin ein rechter Mann,
Als hält' ich vierundzwanzig Beine!"

Abb. 13. Rudolf Herrmann: Englands Wahlspruch.
(Die Muskete, Wien.)

hier als Witz der deutschen „Barbaren" beschrieben und — abgebildet; so im „Matin"
vom 8. Oktober 1914 mit folgender Anmerkung: Les Allemands n'ont pas beaucoup
d'esprit naturel, chacun sait cela; mais ils s'efforcent d'en avoir. En temps or-
dinaire ils n'y réussissent guère; en ce moment, ils n'y réussissent pas. Leurs
seuls traits originaux sont des traits de cruauté. Ils ont fait néanmoins, depuis
deux mois, et même avant la déclaration de guerre, des débauches de plaisanteries.
Leurs cartes postales du mois de juin dernier sont ruisselantes de gaieté — d'une
gaieté insolente, comme il convient, et lourde, et grossière. Nous nous en sommes
fait envoyer une collection et nous allons en montrer quelques-unes aux lecteurs
français, chaque fois que nous aurons un peu de place pour étaler ces caracté-
stiques laideurs. Diese Auslassungen sind in ihrer Verallgemeinerung natürlich
unzutreffend; aber das Recht auf eine scharfe Kritik solcher unwürdigen Hurra=
stimmung darf man dem französischen Blatte nicht absprechen. Glücklicherweise

16

wandten sich Ministerien, Generalkommandos und auch Künstlerverbände in Rund=
schreiben und Erlassen gegen diesen Unfug, auch die „Norddeutsche Allgemeine
Zeitung" machte dagegen mobil. Das Leipziger Polizeiamt traf schon im Dezember
1914 die vernünftige Anordnung, daß dem Verbote anheimfallen werden „Dar=
stellungen auf Postkarten oder Bilderbogen, die auf eine unwürdige Verkleinerung
oder Verunglimpfung unserer anerkannt tapferen Feinde, deren Herrscher und
Heerführer hinausliefen". — Wie traurig muß es aber im Hirn jener Menschen
aussehen, die solche unsinnige Karten auch noch an die Kämpfer in die Front
sandten. Unsere Truppen, die sich täglich mit den zähen und doch auch für ihr Vater=
land kämpfenden Engländern und Franzosen herumschlagen müssen, haben denn
auch glücklicherweise diese Art Kunst nicht zu würdigen gewußt. Erst vom Schlacht=

BRAVO, BELGIUM!

Abb. 14. F. H. Townsend: Bravo, Belgien!
(Punch, London.)

feld felber mußte die Mahnung zur Einkehr kommen. Beſſer als jede Erörterung ſpricht der Brief eines Kompagnieführers, der der „Kölniſchen Zeitung" zur Verfügung geſtellt wurde: „Ich habe bei der Verteilung der Poſtſachen an die Mannſchaften verſchiedentlich beobachtet, wie ſich darunter Karten befanden, die die beſiegten Franzoſen, Engländer und Ruſſen in geſchmackloſer Weiſe verhöhnten. Der Eindruck iſt ein höchſt bemerkenswerter. Faſt keiner freute ſich über die Karten, im Gegenteil drückte jeder Mann ſein

Mißfallen darüber aus. Ich habe einen Mann geſehen, dem die Tränen in die Augen traten. Wir ſehen das unſägliche Elend des Schlachtfeldes. Wir freuen uns zwar auch über die Siege, aber unſere Freude iſt gedämpft durch die Erinnerung an die traurigen Bilder, die wir faſt täglich vor Augen haben. Und unſere Gegner haben es wahrlich zum weitaus größten Teile nicht verdient, daß man ſie ſo verſpottet. Hätten ſie ſich nicht ſo tapfer geſchlagen, ſo hätten wir nicht ſolche Verluſte zu verzeichnen. Iſt daher ſchon an und für ſich eine ſolche Karte meines Erachtens äußerſt geſchmacklos, ſo wirkt ſie hier im Felde angeſichts unſerer Toten und Verwundeten geradezu widerwärtig. Die paßt ins Feld wie ein Clown auf ein Leichenbegängnis."

Abb. 15. F. H. Townsend: Beim Barbier.
Englische Karikatur auf die Angst vor den Deutschen. „Rasieren, mein Herr?" — „,,Ja — das heisst: nein! Lieber doch Haarschneiden!"" (Punch, London.)

Glücklicherweiſe lehnte alſo die große Mehrheit dieſe zwar nicht witzigen, dafür aber um ſo alberneren Produkte energiſch ab. Man kann dieſe „Zeichner" am beſten mit jenen patriotiſchen Maulhelden vergleichen, die in jedem einen Vaterlandsverräter ſehen, der nicht alle Engländer und Franzoſen für ausgemachte Schurken erklärt. Aber nicht nur in den Karten, auch in manchen Witzblättern fand ſich derartige Afterkunſt. Oder zeugt es wirklich von ſo fabelhaftem Geiſte, nach der Schlacht von Tannenberg immer und immer wieder den Ruſſen zu zeichnen, wie er im Sumpfe „erſauft" und mit der Wodkaflaſche um Hilfe ruft? (Den „Künſtlern" ſollte eigentlich bekannt ſein, daß auch im ruſſiſchen Heere ſtreng auf Abſtinenz gehalten wird.) Hindenburgs überwältigend großartige Leiſtung verliert auch dann kein Jota von ihrer Bedeutung, wenn man ſich über den Erſtickungstod von Hunderttauſenden nicht luſtig macht. — Viel berechtigter waren die Witze und Bilder über ruſſiſche Unwiſſenheit und Beſtechlichkeit. Solche hat uns in klaſſiſcher Form bereits Victor Hehn in ſeinem Buche „De moribus Ruthenorum" überliefert, wie die Geſchichte von dem ehrlichen Verwalter, der über das Verhältnis des männlichen Geſchlechts zum

2

weiblichen in seinem Bezirk berichten sollte und der erwiderte, das Verhältnis sei ein ganz angenehmes. Oder die Erzählung von dem Major, der an der Wolga über die Anzahl der Singvögel in dem ihm untergebenen Bezirk berichten sollte, und meldete, es seien deren 7500. Dies wunderte die Kontrollstelle; man befragte ihn, wie er auf die Zahl gekommen sei. Er antwortete treuherzig: „Ich dachte, kommt ein Revisor, so sage ich, die fehlenden sind in die benachbarten Kreise geflogen oder die darüber befindlichen sind aus dem Nachbarkreis herangeflogen." Oder die von dem Polizeihauptmann, dem Instrumente geschickt wurden, um danach über alle atmosphärischen Erscheinungen Beobachtungen anzustellen. Er beriet sich mit seinem Schreiber, was das bedeute. Sie kamen überein, es handle sich wohl um Fremdenpolizei. Die Instrumente wurden sorgfältig im Waffende-

K is the Kaiser. (Let nobody fail to notice Napoleon drawn to scale.)
K ist der Kaiser. Hier sieht man es klar,
Wie klein gegen ihn doch Napoleon war.)

pot des Bezirks niedergelegt. Nach längerer Zeit wurde angefragt, warum keine Berichte von ihm einliefen. Er antwortete, die Instrumente seien angelangt und wohl aufgehoben, die Erscheinungen seien ausgeblieben und von Atmosphäre habe er seit Jahren nichts bemerkt. —

An der Geschmacklosigkeit der oben genannten Erzeugnisse ändert die Tatsache nichts, daß auch das feindliche Ausland groben Schmähungen Raum gab. In England richtete

R s for the Russians. I ask you to glance
At the swarms on the gangway, alighting in France
(R sind die Russen. Den Blick laßt verweilen
Auf den Schwärmen, die Frankreich zur Hilfe hier eilen.)

Z is a Zeppelin, right overhead —
Isn't it a luck to have something for Z?
(Z ist Zeppelin in den Wolken droben —
Doch ein Wort für Z, darum muß man ihn loben.)

Abb. 16—18. Aus George Morrow: „An Alphabet of the War".
(Punch Almanack for 1915.)

ENTERPRISE ON OUR EAST COAST.
The Anti-Zeppelin bath-chair.
Abb. 19. C. Harrison: Der patentierte Badestuhl.
Satire auf die Furcht der Engländer vor den Zeppelinen. (Punch, London.)

fich der Haß vornehmlich gegen den deutfchen Kaifer. Der Engländer fieht nicht oder will nicht fehen, daß feine eigene Regierung die Hauptfchuld an dem unfäglichen Elend trägt, das diefer Krieg im Gefolge hat. („Wenn zwei fich ftreiten, freut fich der Brite"); ihm gilt „The Kaifer" als der Urheber des Krieges. Wir können uns hier auf das ältefte und bedeutendfte Londoner Witz= blatt, den „Punch", befchränken; feine allwöchentlichen Kartons befchäftigen fich faft durchweg mit Wilhelm II. Er ift immer der Herrfcher von Gottes Gnaden, mit dem aufgefträubten Schnurrbart; fo verlangt ihn das englifche Publikum zu fehen, denn an diefe Art der Darftellung hat es fich nun einmal gewöhnt und läßt nicht davon ab.

Man findet in englifchen Blättern kein Wort des Abfcheus gegen die Scheuß= lichkeiten, deren fich der farbige zoologifche Garten, den England in Europa mit= kämpfen läßt, fchuldig macht. Wenn aber eine verirrte deutfche Kugel ein Schloß oder eine Kirche trifft, fo entfteht ein furchtbares Geheul über die „Barbaren". Dabei ftand in England die Wiege der politifchen Satire, von keinem Preffepara= graphen oder Verbote behelligt. Hier konnten Gillray und Hogarth ungehindert ihre Hiebe gegen die Fehler des eigenen Landes austeilen: ihre Nachfolger von heute ziehen es vor, darauf zu verzichten. Raven Hill, Bernald Partridge und vor allem der bekanntefte Zeichner des „Punch", S. H. Townfend, zeigen den Kaifer als Verbreiter von Lügendepefchen an die Neutralen, als Dachshund, der vor Amerika „fchön macht", als den Verführer der Türkei. Auch gegen den Kronprinzen werden die kindlichften Lügen vorgebracht; eine Ab= bildung zeigt ihn franzöfifche Schlöffer ausraubend als Geldfchrankknacker! (Ähn= liche Darftellungen brachten die franzöfifchen Spottbilder im fiebziger Kriege auf Bismarck und die preußifche Landwehr.) Aber, wir wollen ehrlich fein: find nicht auch in unfern Blättern genügend folche Entgleifungen vorgekommen? Der Zar als Mörder und Brandftifter, Frankreich als gemeine Dirne, der englifche König als ihr Zuhälter waren gar keine fo feltenen Erfcheinungen! Und auch da hatte

2*

die „Norddeutsche Allgemeine" recht, wenn sie schrieb: „Dergleichen entspricht nicht der Würde der deutschen Nation. Wir müssen eine Ehre darein setzen, dem Gegner nicht nur auf dem Schlachtfeld überlegen zu sein, sondern auch in der Art, wie wir den Krieg mit geistigen Waffen führen. Den Feind, mit dem wir auf dem Felde der Ehre die Klinge kreuzen, durch niedrige Schmähbilder und Schimpfreden anzugreifen, ist nicht vornehm und setzt die Ehre der Nation herab, die sich solcher Mittel bedient. Überlassen wir das denen, die es nötig haben, den englischen Mob, die Pariser Apachen und die russischen Mujchiks bei guter Laune zu erhalten. Unser deutsches Volk bedarf zur Belebung seines kriegerischen Schwunges solcher giftigen Medikamente nicht. Es trägt die Kraft, den Feind zu besiegen, in sich selbst. Darum fort mit diesen Schmähbildern und Karten aus unseren Witzblättern und Schaufenstern!"

Es war der bekannte Bibliograph der zeitgenössischen Karikatur, der deutschfreundlich gesinnte Grand=Carteret, der bereits vor zehn Jahren den heutigen Krieg und die politische Konstellation der dabei beteiligten Völker genau vorausgesehen hat. In seinem Buche über Eduard VII. „L'Oncle de l'Europe" (deutsch bei A. Hofmann & Co. in Berlin) schreibt der geistvolle Franzose in einem Kapitel „Das Persönliche in der Karikatur, Onkel und Neffe" die folgenden prophetischen Worte nieder, auf die jetzt zuerst die „Frankfurter Zeitung" wieder aufmerksam machte und die gleichzeitig auch die wahren Gründe des Krieges treffen:

Zeigt sich Wilhelm II. in diesem Ringen als der Vorkämpfer der immer größer werdenden Expansionskraft Deutschlands auf dem Gebiete der Industrie und des Handels, die gebieterisch für ihre reichen Erzeugnisse neue Absatzgebiete auf dem Weltmarkt fordern, so sehen wir im Gegensatz hierzu Eduard als den Verteidiger uralter Privilegien der englischen Nation, die bisher als größte Handelsmacht der Welt unbestritten die Hegemonie über den Erdkreis besaß und sich nun plötzlich einem Rivalen gegenübersieht, dessen Emporkommen sie nie und nimmermehr glaubte fürchten zu brauchen. Und dieser Kampf zwischen den beiden großen Mächten wird die Welt einst zu der Frage drängen: „Wird Europa englisch oder deutsch sein?" Selbstverständlich handelt es sich dabei nicht um territoriale Eroberungen von deutscher oder englischer Seite, sondern um das moralische und tatsächliche Übergewicht, das sich durch seinen Einfluß, seine Sprache, seinen Handel, seine starke Lebenskraft äußert und das mehr oder weniger die anderen Nationen vielleicht einmal dazu zwingen wird, in gewissem Sinne Tributstaaten der einen oder anderen dieser Mächte zu werden, deren Ausdehnung schon so bedeutend ist und immer größer wird! Also: Eduard oder Wilhelm! Der Onkel oder der Neffe! Der erste stützt sich auf Frankreich, der andere hat in Österreich seinen treuesten Verbündeten gefunden. Und wer weiß, ob sich nicht dereinst im entscheidenden Moment die asiatischen Völker in die europäischen Angelegenheiten mischen werden, die Völker, die man gestern noch verächtlich Barbaren nannte, weil sie keine Christen sind? Wenn sich der Onkel in diesem Spiel — soll man ihn nun den guten oder bösen Onkel nennen? — gezwungen sähe, die japanischen Trümpfe auszuspielen, so würde sein Neffe sicher bei seinen getreuen Alliierten, den Türken, Hilfe finden. Die Karikatur mit ihrem oft prophetischen Blick hat sich dieses Problems bemächtigt und wird zu seiner Lösung beitragen, denn die Karikatur in ihren politischen Darbietungen spricht die Sprache der Völker, in ihr widerspiegeln sich die Anschauungen und Meinungen der Volksmassen, und diese sind es doch schließlich, die das Schicksal der Nationen entscheiden."

So schrieb vor Jahren Grand=Carteret, und jetzt ist die Saat, die Eduard VII. gesät hat, aufgegangen.

In den englischen Kartons gegen Wilhelm II. steckt kein wirklicher Humor, kein attisches Salz. Der sehr fruchtbare Zeichner Townsend muß den im Frühjahr 1914 im Alter von 94 Jahren verstorbenen John Tenniel ersetzen, der ein halbes Jahrhundert lang für den „Punch" etwa dreitausend Blätter geschaffen hat und dessen Zeichnung Dropping the Pilot (Bismarck verläßt das Reichsschiff, nachdem er es durch alle Fährnisse gesteuert hat) auch in Deutschland wohlbekannt ist. Dabei mag daran erinnert werden, daß die Engländer auch in den deutschen Einigungs= kriegen von 1864—1871 stets auf Seiten unserer Gegner gestanden haben. In der „Fine Art Society" waren im Herbst 1914 solche Zeichnungen im Original aus= gestellt. Die Spottblätter des „Punch" gegen Wilhelm I. reden eine deutliche Sprache. Der „Punch" hat jetzt eine Serie davon unter dem Titel „Punch and the Prussian Bully" veröffentlicht als Kampfmittel gegen den „preußischen Militarismus" (Bully bedeutet hier soviel wie Eisenfresser). Schon damals wurde der Deutsche als täppischer Bauer dargestellt mit Schirmmütze, Pfeife im Mund, Brille auf der roten Nase und Holzpantoffeln oder schweren Stiefeln. Und die Kenntnis der Eng= länder von deutschem Wesen scheint sich seither nicht beträchtlich erweitert zu haben: auch jetzt gelten dieselben Dinge noch als Attribute, um den „Teutonen" zu charak= terisieren; nur die Knackwurst ist hinzugetreten. Typisch für diese Art der Dar=

stellung ist das im August 1914 erschienene Blatt von Town= send „Bravo, Belgium!", das in England rasch volkstümlich wurde (Abb. 14). — Die un= vermeidliche Wurst erscheint neben den Maßkrügen auf jedem Bilde, wo Deutsche ver= einigt sind, wie zum Beispiel in einer Zeichnung „Bei Beth= mann" mit Karikaturen auf den Kaiser, den Kronprinzen, den Reichskanzler und die be= kanntesten Generale; auch da liegt die Wurst auf dem Flügel, auf dem der Thronfolger den „Tag" spielt (nicht die Scherl= sche Zeitung, sondern den an= geblichen Trinkspruch deutscher Seeleute gegen England „The Day"!)

Wesentlich harmloser sind die Karikaturen, mit denen sich die Engländer selber ver= spotten; diese Selbstironisie=

„ No one can be stout with more charm than a German "

Abb. 20. George Morrow: „Niemand trägt seine Dicke mit mehr Grazie als ein Deutscher".
Aus „In Gentlest Germany", der Parodie auf Sven Hedin's Buch.

rung hat wenigstens etwas Versöhnendes an sich. Harrisons „Badestuhl" (Abb. 19) ist ein Scherz auf die Zeppelinfurcht, Townsends Szene im Barbier= laden ein solcher auf die Angst vor den überall eingedrungenen Deutschen (Abb. 15). Besonders die Spionenfurcht trieb in London derartige Blüten, daß auch englische Zeitungen darüber zu spotten begannen. „Evening Standard" ver= öffentlichte folgenden Dialog: „Was machen Sie hier? Sie wollen doch sicherlich spionieren!" fragt ein Schutzmann ein verdächtiges Individuum. — „Nein, ich wollte nur einbrechen!" — „Dann entschuldigen Sie bitte!" — — Und nachdem man in England erkannte, daß der Krieg doch kein „Gänsemarsch mit Militärmusik" ist, wie man anfangs dachte, spotteten sogar die „Times" über die Erfolge der Ver= bündeten. Auch George Morrows Geschichte von dem Kubisten ist gut, der seine bis dato unverkäuflichen Bilder „Tulpenstilleben", „Damenporträt" und „Früh= lingssang" nun als „Zerstörung von Löwen", „Ruinen der Reimser Kathedrale" und „Die Hunnen" spielend absetzt. Viel des Interessanten enthält der „Punch- Almanack" auf 1915. In Anlehnung an die jedem englischen Kinde geläufigen „Mother Goose's Nursery Rhymes" mit ihrem ganz eigenartigen Rhythmus, der das Einprägen dieser Verse so spielend leicht macht, werden die po= litischen Ereignisse vor= geführt. Da ist eine Serie „When William comes to London". Dann erhalten die englischen Parlamentarier, die nicht bedingungslos für den Krieg stimmten, beson= dere Auszeichnungen: Ramsay das Eiserne Kreuz, Hardie als Keir von Hardie den Nobel= preis (erstaunt blickt auf diesem Bilde der kaiser= liche Dackel die ihm ganz ungewohnte zerknüllte Hose des Arbeiterführers an). Hardie hatte seinen Landsleuten vorgewor= fen, sie hätten eine Lü= genfabrik errichtet, von der auf Bestellung deut= sche Greueltaten geliefert würden. Auch das politi=

Abb. 21. E. Nunes: Wie Frankreich seine Kirchen schützt.
(Meggendorfer Blätter, München.)

fche Alphabet fehlt nicht (Abb. 16, 17, 18); R eine Verfpottung der Ruffen, die nicht in Frankreich landen konnten. Und eine Nachdichtung auf das berühmte „Mary had a little lamb" ift da, nur heißt fie „Willie had a little Wolff" (das offizielle Telegraphenbureau). Diefer „Punch-Almanack" hält fich von allem ausgefprochen Rohen frei; er wird als ein amüfantes zeitgefchichtliches Dokument (das natürlich von Engländern und für Engländer verfaßt ift) auch in fpäteren Zeiten oft genannt werden.

Einen Gefchäftszweig hat der Krieg in England ficher beeinträchtigt: das ift der Verlagsbuchhandel. Die Tatfache, daß der fonft wöchentlich erfcheinende „Bookseller" nur noch monatlich herauskommt und das monatliche „Book Monthly" in eine Vierteljahrsfchrift verwandelt wurde, ift ein deutlicher Beweis für das Gefagte, das übrigens von den Blättern felber zugegeben wird, die die Gefchäftstätigkeit im englifchen Buchhandel als wefentlich eingefchränkt bezeichnen.

Unter den neuen Veröffentlichungen in England nehmen die fatirifchen, mit Karikaturen illuftrierten Schriften über den Krieg eine hervorragende Stelle ein. Die Bändchen find fehr verfchiedenartig, fie reichen vom gemeinften, blödeften Machwerk bis zur witzigen Parodie. Zu den erfteren gehören neben einem fcheußlichen Karikaturenwerk von Dyfon, von dem es auch eine Luxusausgabe für mehrere Pfund gibt, gemeine Pamphlete gegen den Kaifer. Diefen Erzeugniffen liegen immer bekannte Vorbilder zugrunde. Die größte Verbreitung fand eine Nachahmung des Struwwelpeter „Swollen Headed William", von der drei ftarke Auflagen in Zeit von einer Woche verkauft wurden (jetzt vergriffen). Auch hier alfo die Anlehnung an ein berühmtes Original. (Abb. 24.)

The Allies' Alphabet von Fay und Morrow ift eines jener, befonders in England zahlreichen Alphabet=Bücher, wie wir fie ähnlich, beifpielsweife in den Bufch'fchen Bilderbogen, befitzen, die ja auch zahlreich parodiert wurden („der Affe fehr poffierlich ift"). Die, auch durch Verwendung von

Abb. 22. Albert Hahn: Der Baustil des 20. Jahrhunderts.
Karikatur auf den Mißbrauch der Reimser Kathedrale. (De Notenkraker.)

viel Rot, ftark blutrünftigen Bilder bewegen fich teilweife im Stile der gehäffigen Karifaturen des Holländers Raemaefers und der franzöfifchen Boulevardpoftfarten. Erheiternd wirft es heute, wenn wir ein Bild fehen, auf dem ein riefenhafter Ruffe die Deutfchen von der Erde vertreibt:

R stands for Russia: she's proving her worth
By telling the Germans to get off the earth

(R fteht für Rußland; es zeigt feinen Wert
Durch Befehl an die Deutfchen, zu verlaffen die Erd')

Oder, wenn wir einen Omnibus mit der Auffchrift „To Berlin" voller jubelnder Tommies erbliden:

O is an omnibus, full out and in:
It carries you free, and it's labelled ‚Berlin'

(O ift ein Omnibus, voll draußen und drin,
Die Sahrt, die ift frei; das Ziel heißt „Berlin").

Bisweilen follen die Derfe auch Wortfpiele bringen:

P is the part little Willie would play:
He thinks it's a Bona-part. What do you say?

(P ift der Part, den flein Willie erfor;
Er glaubt, 's ift ein Bona-part. Wie fommt es euch vor?

Wicked Willie von Margaret A. Rawlins mit Illuftrationen von Gwen Sor= wood und Slorence Holmes geht nicht nur unter der Marfe einer Jugendfchrift, fondern ift wirflich ein Buch für Kinder und hält fich daher auch von allem fern, was für Kinderaugen nicht beftimmt ift. Der Derfafferin fchwebte das 1871 er= fchienene „Dame Europa's School" vor, an das fie fich nach dem Grundfatze Imi= tation is the sincerest flattery anlehnt; auch die „Dame Europa" war eine Ge= fchichte des deutfch=franzöfifchen Krieges für englifche Kinder (das fehr felten ge= wordene Buch ift übrigens jetzt nach 44 Jahren neu aufgelegt worden). Der Wicked Willie foll den Weltfrieg (felbftverftändlich vom englifchen Standpunfte aus) den Kleinen verftändlich machen; die Nationen treten hier als Kinder (Wicked Willie, Poor Joseph, Fezzie [Türfei], Little Albert, Little Helvetia ufw.) handelnd auf. „Einft war", fo beginnt der hübfch gedrudte Quartband, „Tante Europas Schule nicht größer als andere Schulen auch; die meiften Kinder waren unwiffende, gut= mütige fleine Dinger, fie ftanden herum, die Singer im Munde, und gehorchten den Anordnungen der wenigen, die größer und flüger waren. Natürlich fonnten fie, wie das bei Kindern nun mal fo ift, nicht immer friedlich miteinander fpielen . . ., aber erft, als die Schule immer ausgedehnter und bedeutenderer wurde, da be= gann der große Streit, der jetzt noch anhält . . ." — Sür Erwachfene beftimmt find trotz des Titels die Nursery Rhymes for Fighting Times von Elphinftone Thorpe, illuftriert von Stevens. An der Hand altberühmter englifcher Reime, wie fie Mütter und Erzieherinnen den Kindern vorfagen, werden hier die politifchen Er= eigniffe fatirifch behandelt:

Old Kaiser Hubbard attacked a French cupboard,
To collar a Paris bone:
At Mons and Cambrai, British troops barred the way.
And so the poor dog had none.
(Kaiſer Ḥubbard, alt und krank
Stürmt einen welſchen Speiſeſchrank,
Einen Pariſer Knochen zu erhaſchen.
Bei Mons und Cambrai
Ḥindern ihn Briten, o weh,
Und ſo kann der arme Dackel nicht naſchen.)

Abb. 23. Johan Braakensiek: Der Totenkopf-Schmetterling.
(De Amsterdammer, Amsterdam.)

Deutschland ist hier wieder als „Dachshund" dargestellt. — Ähnliche Absichten verfolgt The Crown Prince's First Lesson Book or Nursery Rhymes for the Times von George H. Powell mit Randleisten in kräftiger Holzschnittmanier von Scott Calder.

Auf Sven Hedins berühmtes Buch „Ein Volk in Waffen" ist ähnlich ausgestattet wie die deutsche Volksausgabe eine Parodie erschienen: In Gentlest Germany by Hun Svedend. Translated from the Svengalese by E. V. Lucas with 45 illustrations a. 1 map by George Morrow. Bei dem „Svengalesischen" hat der Verfasser wohl auch an die bekannte Figur des Svengali aus „Trilby" gedacht. Die kleinen Schwächen des Hedinschen Originals (sie kommen dem großen Werte des Werkes gegenüber ja gar nicht in Betracht) sind geschickt ausgenutzt. Die Anlage des Buches ist ganz neuartig: der Text der Satire hält sich meist wörtlich an das Vorbild, und der Verfasser Lucas wirft nur ein paar Brocken (die er natürlich Hedin in den Mund legt) dazwischen, um den Originaltext ins Lächerliche zu ziehen. Vielleicht wird es am besten durch ein Stück aus dem Text gezeigt, das hier folgt; die in gewöhnlicher Schrift gedruckten Sätze entsprechen wörtlich dem Texte Sven Hedins (in der billigen Ausgabe Seite 32), die gesperrt gedruckten Stellen sind Zusätze von Lucas:

4 THE STORY OF THE INKY BOYS.

(Hedin schildert, wie einfach die Speisenfolge im Hauptquartier des Kaisers ist und dann die Unterhaltung bei Tisch): „Der Kaiser sprach fast die ganze Zeit mit mir, nannte mich stets ‚mein lieber Hun Svedend', er knüpfte an meinen letzten Vortrag in Berlin an, dem er beigewohnt hatte: Tibet, wo ich so unruhige Zeiten erlebte, werde wohl bald das einzige Land auf der Erde sein, das Ruhe habe; das mache ihn stolz und glücklich. Mich freute besonders zu hören, mit welcher Achtung und Sympathie der Kaiser sich über Frankreich aussprach. Er beklagte die Notwendigkeit, die ihn gegen seinen Wunsch gezwungen habe, sein Heer gegen die Franzosen zu führen. Er hoffte, daß die Zeit kommen werde, da Deutsche und Franzosen gute Nachbarschaft halten können, wie Löwe und Lamm, wenn das Lamm bequem eingebettet im Magen des Löwen liegt. Wenn die Franzosen eine Ahnung von der wirklichen Denkweise des Kaisers hätten, würden sie ihn ganz anders beurteilen als jetzt. Warum sie diese Ahnung nicht haben, könne Er nicht be=

Abb. 24. „Eine Seite (stark verkleinert) aus „The swollen-headed William", der englischen politischen Struwwelpeter-Parodie.

greifen. Sicherlich wären sie doch nicht so kindisch, nm sich durch die feindlichen Bewegungen Seiner Heere beeinflussen zu lassen.

Die Engländer sind wütend auf Hedin, weil er der Freund eines Landes geworden ist, gegen welches England kämpft. England, das ihn (Hedin) zum Ehrendoktor von Cambridge und Oxford gemacht hat! „In Gentlest Germany" soll die Rache dafür sein.

In Holland sind eine große Reihe tüchtiger Karikaturisten an der Arbeit, den Krieg im Bilde festzuhalten. Für den „Amsterdammer" zeichnet seit 1887 der 1858 geborene Johan Braakensiek wöchentlich etwa zwei Satiren über aktuelle politische Ereignisse, in nicht gerade übermäßig witziger, oft eher hausbackener Art. Im Bestreben, nirgends anzustoßen, bleibt er meist sehr korrekt. Das Beste, was er geschaffen hat, ist der Totenkopf-Schmetterling (Abb. 23) mit der Unterschrift „Geht fort, wir wollen gegen Unbewaffnete nicht kämpfen". Von ihm rührt auch die in Abb. 1 wiedergegebene Lithographie her, die kurz nach Ausbruch des Krieges erschien; der Tod redet den ermordeten Erzherzog an: „Königliche Hoheit, ich habe geglaubt, eine Fürstlichkeit

Abb. 25. „Bethmann Hollweg, nervously tearing his menu card into little bits." (Bethmann Hollweg zerreißt die Tischkarte in kleine Fetzen.) Anspielung auf die Bezeichnung des belgischen Unabhängigkeits-Vertrags als eines Fetzens Papier. Aus der Parodie „In Gentlest Germany" by Hun Svedend, ill. von Geo. Morrow.

wie Sie darf nicht ohne Gefolge reisen" (nämlich nicht ohne Gefolge ins Jenseits, daher im Hintergrunde die Schemen der Gefallenen). Nur einmal hat Braakensiek sein Phlegma verloren, das war nach dem Untergang der Lusitania, auf den später noch besonders eingegangen werden soll.

Der Wochenschrift „De Amsterdammer" ist in dem „Nieuwe Amsterdammer", der Anfang 1915 gegründet wurde, eine schwer ins Gewicht fallende Mitbewerberin erwachsen. Das neue Blatt hat es verstanden, sich einen der allerbedeutendsten Karikaturisten Hollands, Piet van der Hem, als dauernden Mitarbeiter zu sichern. Die Reihe der großen farbigen Blätter, die er für die genannte Zeitschrift geliefert hat, gehören zum Besten und Stimmungsvollsten des ganzen Krieges, so zum Beispiel die „Versuchung des heiligen Antonius" (Abb. 6), dann das Blatt, das nach dem Untergang der Lusitania entstand und in das Redaktionsbureau einer deutschen Zeitung versetzt (Abb. 66), vor allem aber auch ein Blatt „De nieuwe Dod" (Abb. 73). Viele dieser Zeichnungen sind von tiefem sittlichen Ernst erfüllt.

Für das Wochenblatt „De Notenkraker", einer Beilage der

Abb. 26. „Mr. (or Herr) Bernard Shaw". Aus „In Gentlest Germany" ill. von George Morrow.

befannten sozialde=
mofratischen Zeitung
„Het Dolf", arbeitet
der an die deutschen
Simplicissimuszeich=
ner erinnernde Al=
bert Hahn; in knap=
per Form und ohne
viel Beiwerf gibt er
seinen Gedanken bild=
lichen Ausdruck. Ihm
erscheint der Krieg
nicht als das Werk
eines einzelnen, er
sieht die Dinge von
einer höheren Warte.
In Abb. 22 pole=
misiert er gegen die
Verwendung der
Reimser Kathedrale
als militärischen Stütz=
punkt durch die Fran=
zosen. Die gleiche Ab=
sicht leitet E. Nunes
in den „Meggendor=
fer Blättern" (Abbil=
dung 21).

Für den „Noten=
krafer" zeichnet auch
Jordaan; die Kari=
fatur „Der Suezka=
nal" (Abb. 27) ist sein
Werk. Der deutsch=
feindliche „De Tele=

Abb. 27. Jordaan: Der Suezkanal.
Deutschland zur Türkei: „Packe ihn an der Gurgel!"
(De Notenkraker, Amsterdam.)

graaf" bringt Bei=
träge von Louis
Raemaekers. Es
sind ihm eine ganze
Reihe ergreifender
Darstellungen des
Kriegselends gelun=
gen; viele sind ganz
objektiv gehalten,
ohne einzelne Völker
treffen zu wollen.
Aber das Schicksal Bel=
giens, des stammver=
wandten Landes, hat
ihm den Griffel in
die Hand gedrückt, um
seinem Haß gegen die
„Eroberer" Luft zu
machen. Wenn sein
Temperament mit
ihm durchgeht, dann
werden für ihn die
Deutschen zu „Bar=
baren", dann zeigt
er belgische Bürger,
die den deutschen
Truppen vorausmar=
schieren müssen, um
im feindlichen Kugel=
regen zusammenzu=
brechen, dann führt
man Krieg mit den
toten Meistern der
Kunst van Eyck, Mas=

sys und Rubens, die auf einem Scheiterhaufen stehen, vor dem deutsche Soldaten mit
aufgepflanztem Bajonett Wacht halten. Eine Reihe seiner Darstellungen des Kriegs=
elends und seiner Spottbilder hat er im Verlage „Elsevir" auch als Alben heraus=
gegeben.

Auf einzelne Werke der hier genannten holländischen Zeichner wird an andern
Stellen noch näher eingegangen werden.

Unter den Blättern unserer Verbündeten steht die „Muskete" an der Spitze,
eine ähnliche Stellung in Österreich einnehmend wie in Deutschland der „Simpli=
cissimus", sie zählt eine ganze Reihe tüchtiger Illustratoren zu ihren ständigen Mit=

Abb. 28. Türkische Karikatur: „Zur Schlachtbank".
Die Verbündeten müssen England Vorspanndienste leisten.
(Hodja, Konstantinopel.)

arbeitern. Zu ihnen gehört beispielsweise Rudolf Herrmann. Das Thema, das er in der Abb. 13 trefflich behandelt, die Vorspanndienste, die die Verbündeten Eng= land leisten müssen, kommt auch in einer Zeichnung unseres anderen Bundes= genossen, wenn auch primitiver, zum Ausdruck, in der türkischen Karikatur, die wir hier wiedergeben (Abb. 28).

Abb. 29. Jack Walker: Wenn ich nur den anderen Stiefel auch anbekäme!
(Daily Graphic, London.)
Winter 1914—15.

The Rock of Germany

Abb. 30.　Robert Carter: Deutschlands Felsen.

Hindenburg, an dem die russischen Wogen (die Wellenköpfe sind durch Bärenköpfe dargestellt) abprallen.
Amerikanische Zeichnung aus dem „Evening Sun", New York.

Es waren ganz bestimmte Personen und ganz besondere Objekte, denen sich
die Stifte und Pinsel der Karikaturenzeichner in erster Linie zuwandten: Menschen
und Dinge, die rasch — und mit vollem Recht — eine unbegrenzte Volkstümlich=
keit erwarben. Daß eine so prächtige und erfolgreiche Persönlichkeit wie Hinden=
burg, die für uns das neue deutsche Heldentum verkörpert, an die allererste Stelle
rückte, war bei seinen großartigen Leistungen nur natürlich. Ein äußeres Zeichen
wahrer Volkstümlichkeit zeigt sich in den Anekdoten, mit denen berühmte Männer,
wie etwa Bismarck, umgeben werden. Das Volk webt um alles, was es liebt, einen
förmlichen Sagenkreis. So war es auch bei dem großen Befreier des deutschen
Ostens, der plötzlich wie ein Riese, bis dahin den meisten völlig unbekannt, vor
uns stand. Gicht, Rheuma und alle möglichen Krankheiten sollten ihn plagen.
Er wußte diese Dinge mit Humor in den zahlreichen Gesprächen mit Berichterstat=
tern dankend von sich abzulehnen. Viel fester aber noch setzte sich die Mär, daß
Hindenburg Sommer für Sommer in Ostpreußen zugebracht hätte, sich vom Gar=
nisonkommando in Königsberg alljährlich eine Kanone entliehen und sie regel=
mäßig durch alle masurischen Seen und Sümpfe gezogen hätte, um diese auf ihre
Tiefe zu prüfen! Man sollte es nicht für möglich halten, daß unter den vielen
Tausenden von poetischen Erzeugnissen, mit denen der Generalfeldmarschall an=
gesungen wurde (und die er dank seiner guten Gesundheit trefflich überstand),

sich auch das Werk eines angesehenen Dichters befindet, die „Ballade von den ma=
surischen Seen" des Österreichers Franz Karl Ginzkey, die diese Geschichten allen
Ernstes als Tatsachen behandelt und die damit in das Gebiet des unfreiwilligen
Humors rückt. Aus dem in der Form gelungenen Gedicht, das namentlich auch
das Gurgeln der Sümpfe lautmalend trefflich wiedergibt, diene folgender Abschnitt
als Probe:

> Es lebt keine Unke, kein Frosch, kein Lurch,
> Die er nicht kennte durch und durch (!!)
> Er kennt jeden Steg, jeden Busch und Verhack,
> Er kennt jede Lack wie den eigenen Sack (!!)
> Wie breit sie nach West, wie tief sie nach Ost,
> Er kennt sie, als hätt' er sie selber gekost't. (!!)
> Und immer hört er das Gurgeln dumpf:
> Der Sumpf ist Trumpf, der Sumpf ist Trumpf.
> Er schluckt die Russen mit Rumpf und Stumpf.

Man versuche nur, sich das einmal vorzustellen: die Prüfung aller der einzelnen
Reptilien und Amphibien durch Hindenburg! Denn es „lebt keine Unke, kein
Frosch, kein Lurch, die er nicht kennte durch und durch". Der Dichter hat das
Recht, sich der Hyperbel als einer poetischen Form zu bedienen, aber das hier geht
denn doch zu weit! Was hat schließlich der anatomische Bau dieser harmlosen Tiere
mit dem Verlaufe der Schlacht von Tannenberg zu schaffen? — Eine Reihe wirklich
guter Scherze knüpft sich an den Namen Hindenburg. So zum Beispiel: „Wes=
halb hat der Zar Petersburg in Petrograd umgetauft?" Antwort: „Weil er hinten
(hinden)burg nicht leiden kann." — Hindenburg ist Ehrendoktor aller vier Fakul=

Abb. 31. A. Johnson: Der Salonstratege.
(Kladderadatsch. Berlin.)

The Piper Von Hindenburg!

Abb. 32. Robert Carter: Der Bärenfänger Hindenburg.
Amerikanische Karikatur aus dem „Evening Sun“, New York.

täten. „Welchen davon hat er am meisten verdient?“ „Den Dr. med.; denn nie=
mand hat in Ostpreußen so großartige und gelungene — Operationen ausgeführt
wie er.“ Von dem Generalfeldmarschall erwartet man nach dem Burgfrieden
einen Hindenburgfrieden, der Deutschland für alle Zeiten gegen neue Über=
fälle sichert. Und wie populär er auch gerade bei der Jugend ist, die nach Eintreffen
seiner Siegesnachrichten schulfrei erhält, zeigt die Äußerung eines unvorbereiteten
Quartaners vor der Lateinstunde: „Wenn Hindenburg heute keinen Sieg meldet,
bin ich verloren!“ — Der Generalfeldmarschall wird immer im Scherzbilde und
Scherzworte fortleben, ein Zeichen wahrer Volkstümlichkeit, die er in so hohem
Maße nur noch mit Bismarck und Zeppelin gemeinsam hat. — Hier muß auch der
Biertischstrategen gedacht werden. Niemand hat sie so köstlich tarikiert wie John=
son im „Kladderadatsch“ in Anlehnung an Defreggers bekanntes Bild „Der
Salontiroler“ (Abb. 31). Ein nettes Scherzgedicht von Hans Slux in der „Schwä=
bischen Tagwacht“ richtet sich gegen diese Besserwisser:

Zu Cannstatt ob dem Stammtisch
Hängt Hindenburg im Bild,
Es blickt der Schlachtenmeister
So freundlich und so mild.
Worüber mag sich freuen
Grad hier der große Mann?
Weil er von diesem Stammtisch
Noch recht viel lernen kann.

Abb. 33. Shonk: Hindenburg aus Schwertern, Kanonen und Truppen zusammengesetzt.
(Daily Times, Portsmouth.)

Einem Hindenburg gegenüber verstummten auch deutschfeindliche Blätter des Auslandes mit ihren Anklagen, er wird auch in der amerikanischen Presse als „the man of the hour" gefeiert (Abb. 30, 32, 33). Unter dem Eindrucke der großen deutschen Erfolge können auch die Zeichner, die sonst Deutschland nicht gerade freundlich gesinnt sind, nicht anders; sie bringen zwischendurch germanophile Blätter. Auf Abb. 34 ruft der englische Löwe Polen an: „Nicht die Preußen, die Reußen will ich sprechen". Mackensen: „Das tut mir leid, die sind gerade abgezogen."

Einen Hindenburg macht eben niemand nach, obgleich eine Anzeige im „Breslauer Generalanzeiger" lautet: „Hindenburg sowie sämtliche deutsche Heerführer liefert zu günstigsten Bedingungen Verlag Carl Tinius, Leipzig-Neustadt. Vertreter an allen Plätzen gesucht. Muster franko bei vorheriger Einsendung von einer Mark." — Man muß sich wirklich wundern, daß von der französischen, englischen und russischen Regierung nicht schon Bestellungen eingelaufen sind.

Was Hindenburg unter den Lebenden, ist der 42-Zentimeter-Mörser unter den leblosen Dingen. Oder soll man hier nicht auch lieber von einem Lebewesen sprechen? Das Volk hat diese volkstümlichste Waffe rasch personifiziert: männlich als „Großen Brummer", weiblich als „Fleißige Berta" oder auch „Dicke Berta" zu Ehren der Besitzerin der Kruppwerke, die hier das Attribut der

Abb. 34. Karikatur auf den russischen Rückzug.
England: „Not Prussia, Russia!"
v. Mackensen: „Russia has just stepped out!"
(Robert Carter in „Evening Sun", New York.)

Dicke unverschuldet mit in den Kauf nehmen muß. Auch um die „Dicke Berta"
hat sich ein Sagenkreis gesponnen, erstens wegen ihrer rasch erworbenen Popu=
larität, zweitens weil niemand etwas Näheres über sie erfuhr. Ging man doch
so weit, ihre Existenz überhaupt leugnen zu wollen! Es ist eine der herrlichsten
Erscheinungen in diesem Kriege, daß die wenigen Menschen, die um den 42=Zenti=
meter=Mörser wußten, das Geheimnis so wunderbar gehütet haben! Als nach Kriegs=
ausbruch bekannt wurde, die Deutschen besäßen ein Riesengeschütz, aus dem wenige
Schüsse genügten, die stärkste Festung zu Fall zu bringen (Lüttich hatte es ja gleich
bewiesen), da ging ein Staunen durch die ganze Welt, gemischt mit geheimem
Grauen. Der Mörser 42 aber wurde, wie später auch U 9, das Symbol deutscher
Tüchtigkeit, das Wahrzeichen der militärischen Energie Deutschlands. Die Über=
legenheit dieses Riesenmörsers erkannten auch die Neutralen restlos an. Es bil=
dete sich Legende über Legende über den großen Brummer; die Hauptsache war,
daß das Geschütz, wie ein Militärschriftsteller bemerkte, einige Armeen wert ist.
Die Bezeichnung „Fleißige Berta" sollte wohl den Gegensatz zur „Faulen Grete"
bringen, ein Name, der zuerst für Geschütze auftauchte, mit denen die Hohenzollern=
fürsten die aufsässigen Quitzows bekämpften.

In Form eines Märchens hat Hans Natonek die Wirkung des „Großen Brum=
mers" besungen:

„In den letzten Julitagen war es, da klang es wie fernes Trompetengeschmetter durch die
Luft. Und näher kam der Ton, immer näher, schwoll ungeheuer an, es war das Rasseln von
tausend Kanonenrädern, der Tritt von Millionen und das Säbelklirren einer Welt, die zum

Abb. 35.   Joh. Braakensiek: Der Zauberer Mars.
(De Amsterdammer, Amsterdam.)

Kampf aufzog. Die schlummernden Riesen erwachten. Im Dunkel der Nacht, von undurch=
dringlichem Geheimnis umhüllt, wurden sie verladen. Plötzlich — niemand wußte wie —
standen sie vor einer mächtigen Feste mit Panzertürmen und Mauern aus Stahl und Beton.
Lüttich. Wie Tiere, die man aus langer Gefangenschaft entlassen hat, nach Beute gierig, spähten
die ungeheuren Schlünde in die Ferne. Dann brüllten sie auf, daß der Luftraum zusammen=
zukrachen schien, ein Feuerball, wie ein Komet mit blutrotem Schweif, sauste durch die Luft, die
Panzertürme barsten, und die Mauern aus Stahl und Beton waren überhaupt nicht mehr da . . .
Was sind die blutigen Kometen, die in sagenhaften Zeiten den Krieg verkündeten, gegen die
brennenden Gase des Geschosses, das die Luft durchsaust! Die 42=Zentimeter=Granate war der
Kriegskomet des Jahres 1914! Nun staunt die Welt. Die Sage spinnt geheimnisvolle Fama
um den Riesenmörser, von dem man weiß, daß er da ist, unbestimmt ahnt, was er zu wirken
vermag, um den es aber noch immer so märchenhaft dunkel ist, wie zuvor, als man noch gar
nicht wußte, daß es so etwas in Wirklichkeit gibt."

Der „Große Brummer" oder „Dicke Berta" hielten nun auch bald ihren
Einzug in die Witzblätter; jeder Künstler stellte sie in seiner Art dar, und es

Abb. 36. Nirsoli: Der Gleichmacher.
Italienische Karikatur auf den deutschen 42 cm-Mörser.
(Il Numero, Rom.)

Abb. 37.
M. Froehlich:
Als Verlobte
empfehlen
sich der Onkel

aus Fried-
richshafen
und die Tante
aus Essen.
(Staats-Zeitung,
New York.)

Abb. 38. George van Raemdonck: Die fleißige Berta.
(De Amsterdammer, Amsterdam.)

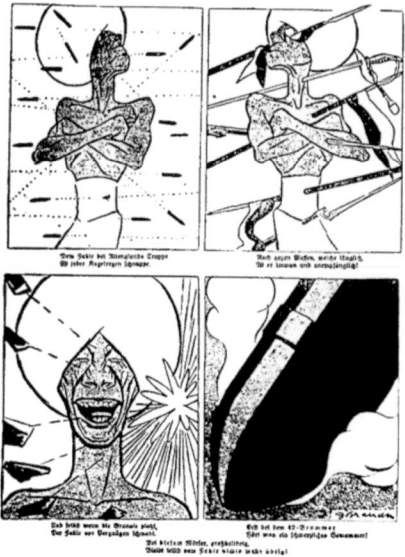

Abb. 39. Gust. Brandt: Der unverletzbare Fakir.
(Kladderadatsch, Berlin.)

Abb. 40. Th. Th. Heine: Lord Kitcheners „furchtbarer
neuer Faktor".
(Simplicissimus, München.)

ift reizvoll, eine Reihe folcher Darbie=
tungen miteinander zu vergleichen. Das
Material würde ausreichend fein für eine
Monographie „Der große Brummer in
der Karikatur". M. Claus zeichnete ihn
als fleißige, ftrickende korpulente Dame
unter Innehaltung der Gefchoßform
(Abb. 44); Walter Trier als Nachtmahr
des Zaren, auf deffen Bett er mit offenem
Schlunde hockt, während gleichzeitig Zep=
peline den Betthimmel umkreifen (ein
Blatt, das beffer ift als die meift recht
rohen und humorlofen Zeichnungen
diefes Künftlers); Peter Pfeffer
ftellte ihn einem Franzofen, der das
Maul aufreißt, gegenüber („Na, nun
wollen wir doch mal fehen, wer das
letzte Wort behält!"); Guftav Brandt
läßt ihn felbft den unverletzlichen in=
difchen Fakir zerfchmettern (Abb. 39);
Thomas Theodor Heine zeigt das eng=
lifche Gegenftück „Lord Kitche=
ners neuen Faktor" (Abb. 40);
W. A. Wellner zeichnet die
„Dicke Berta" im Wochenbett
bei einem „Freudentag im
Haufe Krupp", es hat gerade
wieder ein Kind von ihr das
Licht der Welt erblickt. Ein
neu gegründetes Witzblatt, der
„Brummer", ein Ableger der
„Luftigen Blätter", führt feinen
Namen nach dem Gefchütz. Die
Volkstümlichkeit des Riefen=
mörfers fpiegelt fich auch in
dem fcherzhaften Briefe eines
Frankfurter Konfektionärs aus
dem Felde an die „Frankfurter
Zeitung" wider:

„Modelle zeigen diesmal wir
Deutfche den Franzofen, und zwar
hat ein bekanntes Haus in Effen
zahlreiche piècen mit 42 Zenti=

meter Taillenweite herausgebracht, die, wo sie auch erscheinen, Staunen des Fachmanns und Verwunderung des Laien erregen. Die tonangebende Farbe für diese Saison ist feldgrau, sie hat die Versuche französischen Ursprungs, Rot und Blau zur Geltung zu bringen, überall sieg= reich aus dem Felde geschlagen. Die französischen Cutaways scheinen auch nicht die Sym= pathie ihrer Träger gefunden zu haben, denn sie wurden zahlreich vorzeitig abgelegt, da sie beim Laufen sehr hinderlich sind. Die französischen Cutaways scheinen auch nicht die Sym= points tirés à la main und à la machine. Letztere sind allerdings bei unseren Kunden sehr unbeliebt, da sie nolens volens sehr große Quantitäten in kürzester Zeit abnehmen müssen. Der Absatz von diesen Artikeln ist sehr hoch, da große englische Häuser extra auf den Kontinent gekommen sind, um noch davon abbekommen zu können. Der französische Markt scheint auch noch große Quantitäten davon aufnehmen zu wollen; wir sind aber genügend vorgesehen, um ihn vollständig zu befriedigen.'

Auch die Zeichner des Auslandes zeigten den Riesenmörser im Bilde. Zwar nicht die feindlichen Länder, obgleich deren Truppen besondere Bezeichnungen dafür haben: die Franzosen nennen die schweren deutschen Geschütze marmite, die Engländer Jack Johnson. Aber Holland und Amerika brachten recht geschickte Darstellungen. Johan Braakensiek schuf für „De Amsterdammer" ein Blatt „Goochelaar Papa Mars", der Kriegsgott als Zauberer mit den Mörsern (Abb. 35); der Holländer P. de Jong zeigt den Brummer ein= drucksvoll als den Un= widerstehlichen, der die Jungfrau Antwerpen be= zwungen hat und mit eisernen Klammern am Boden festhält (Abb. 41); ihr Schild mit der Auf= schrift „Bundesgenossen" ist zerbrochen, und alle anderen Geschütze er= scheinen gegenüber dem Riesen wie Spielzeug. Eine ganz originelle Auffassung der „Flei= ßigen Berta" bringt der Flame George van Raemdonck (Abb. 38), hier kommt neben dem Humor auch das Tra=

Abb. 41. P. de Jong: Der Unwiderstehliche.
(Antwerpen veroverd door den onweerstaanbare.)
Holländ. Karikatur.

gifdje zum Ausdruck: der Unterkörper hat die Form eines Grabhügels, drapiert mit Totenschädeln, Knochen und Schwertern, die Haare und der üppige Busen der Dame zeigen die Attribute des Todes, und selbst der Stiel des Lorgnons ist ein Toten= knochen. Sidney Greene, der fruchtbare Karikaturist des New Yorker „Evening Telegram" zeigt in seiner Verwandlungsfolge „From Pilsner to Powder" (Abb. 43) die Entwicklung vom Frieden zum Kriege: aus dem harmlosen Pilsner und der Zi= garre wird allmählich der 42=Zentimeter=Mörser und sein Geschoß. „A 42 centi= meter Mistake" betitelt sich die Zeichnung von Robert Carter, die zur Weih= nachtszeit in dem New Yorker „Evening Sun" erschien (Abb. 42). In Amerika kommt der Weihnachtsmann durch die Essen in die Häuser, um die zu diesem Zwecke hingehängten leeren Strümpfe der Kinder mit Gaben zu füllen; die hohen Rohre des Mörsers 42 hält er für Schornsteine. (Man darf dem alten Herrn den Irrtum nicht übelnehmen.) Sehr nett ist dann die Zeichnung von A. M. Froehlich in der „New Yorker Staats=Zeitung": „den geehrten Verbündeten empfehlen sich als Verlobte der Onkel aus Friedrichshafen und die Tante aus Essen" (Abb. 37). Die Idee, die diesem Scherzbilde der größten deutschen Tages= zeitung Amerikas zugrunde liegt, ist recht gut: die „Dicke Berta" und der „Zep= pelin" verloben sich, um zusammen zu wirken: die Verbindung der beiden möge die Geburt eines größeren Deutschlands in die Wege leiten!

Abb. 42. Robert Carter: Ein 42 Zentimeter-Irrtum.
(A 42 centimeter Mistake.)
(Evening Sun, New York.)

Die amerikanische Kari= katur nimmt überhaupt in diesem Kriege einen außer= gewöhnlich großen Raum ein; sie spiegelt getreu die Stimmung in den Vereinig= ten Staaten wider. Dabei haben die amerikanischen Karikaturen den Vorzug, meist sehr gut gezeichnet zu sein, und es liegen ihnen auch fast immer recht ori= ginelle Ideen zugrunde. Sehr böse sind die Spott= bilder gegen Deutschland in dem bedeutendsten Witzblatt der westlichen Halbkugel, dem „Life", besonders die von William H. Walker. Es sind die abgedroschenen Themen vom Kaiser als Feind der Zivilisation, der an der Niedertretung Belgiens und Zerstörung der Kunst=

denkmäler seine Freude hat. Typisch dafür das seitengroße Blatt „My Heart bleeds for Louvain", der Kaiser als Keiler über den Trümmern von Löwen (die Darstellung des Kaisers als Keiler war schon im spanisch-amerikanischen Kriege üblich. Der damals sehr beschäftigte Davenport ist ihr Schöpfer; die aufrechtstehenden Schnurrbartenden haben ihn zum Vergleich mit den Hauern geführt. Diese Art, den deutschen Kaiser zu zeichnen, hat sich bis heute in der englischen und amerikanischen Karikatur erhalten). Das seit über dreißig Jahren erscheinende Blatt ist in Deutschland so gut wie gar nicht bekannt. Hin und wieder sieht man in deutschen Blättern sehr starke Anlehnungen an die wirklich meist recht guten Zeichnungen des „Life". Ein Tierkarikaturist, wie ihn die Zeitschrift in S. Sullivant besitzt, kann nur mit Oberländer in seiner besten frühen Zeit verglichen werden. Die Darsteller gesellschaftlicher Zustände (der upper ten) wie Harrison Cady und Foster Lincoln können sich getrost unsern besten Satirikern an die Seite stellen; der bekannte George Dana Gibson wiederholt sich in letzter Zeit zu oft, seinen großen Serien Ebenbürtiges (Education of Mr. Pipps etc.) hat er nicht mehr geschaffen. Otho Cushings von antikem Geiste beeinflußte Umrißzeichnungen zeigen ein feines Formgefühl, sie sind von rhythmischer Schönheit erfüllt. Rea Irvin sprudelt nur so von witzigen Einfällen, er hat auch nebenbei eine Reihe von japanisierenden Illustrationen zu den „Letters of a Japanese Schoolboy" geschaffen, die amerikanische Zustände vom japanischen Standpunkte beleuchten.

Amerika ist also reich an geschickten Karikaturenzeichnern, sie kommen mehr noch als in den Wochenschriften in der Tagespresse zur Geltung. Die großen Zeitungen der Vereinigten Staaten, die oft Millionenauflagen erreichen, bringen fast alle Illustrationen; auch vornehme Blätter wie „Sun" haben sich schließlich diesem Gebrauche fügen müssen. Die Zeichnungen müssen rasch erscheinen. Das eben eingegangene Telegramm muß möglichst gleich mit den nötigen Illustrationen herauskommen. Time is money. Der Amerikaner will nicht lange nachdenken; die Sache muß

Abb. 43. Sidney Greene: Vom Pilsner zum Pulver.
(From Pilsner to Powder).
(Evening Telegram, New York.)

ihm so bequem wie möglich gemacht werden. Dabei passiert denn in der Eile und aus Unkenntnis mancher nette Schnitzer: als Bernhard von Bülow Reichskanzler wurde, brachte eine der bekanntesten New Yorker Zeitungen zusammen mit der Nachricht ein Bild Bülows; es war auch Bülow, aber — Hans von Bülow, der berühmte Dirigent, der zwar ein Orchester leiten, aber nicht das Deutsche Reich hätte lenken können. Sein scharf geschnittener Kopf mit dem charakteristischen Knebelbart fungierte nun für die New Yorker als Bild des neuen deutschen Kanzlers. Hier handelte es sich um einen Irrtum; aber auch sonst ist der Amerikaner in solchen Fällen nicht verlegen. „Portland News" brachten kürzlich eine Reproduktion von Anton von Werners Bild „Erstürmung der Spicherer Höhen" als „Sturm deutscher Infanterie in geschlossener Formation auf einen Hügel". — Im allgemeinen müssen die Illustrationen der Tageszeitungen humoristisch gehalten sein (so will es das Publikum), und so sind denn in den Vereinigten Staaten eine ganze Reihe tüchtiger Karikaturisten entstanden. Diese satirischen Darstellungen vermögen viel schärfer als lange Auseinandersetzungen die Blößen der darin Karikierten zu zeigen; deshalb kann man ihre Bedeutung zu politischen Propagandazwecken auch gar nicht hoch genug einschätzen, besonders, wenn man die Riesenauflagen der amerikanischen Zeitungen in Betracht zieht.

Es war eine der schmerzlichsten Enttäuschungen für das Deutsche Reich, daß sich die Mehrheit in den Vereinigten Staaten (das Anglo=Amerikanertum und die seinem Einfluß unterworfenen Gruppen) mehr oder weniger offen auf die Seite unserer Feinde stellte und ganz unverhohlen ihre Sympathie für diese zum meist recht deutlichen Ausdruck brachte, obgleich doch auch Japan, Amerikas Todfeind, zu den Verbündeten zählt. Ebenso erfreulich war die angenehme Enttäuschung, welche die Deutsch=Amerikaner durch ihr mutiges Eintreten für ihr Stammland

DIE FLEISSIGE BERTA.

Abb. 44. M. Claus: Die fleißige Berta.
(Lustige Blätter Berlin.)

CAN HE HATCH IT?

Abb. 45. Sidney Greene: Die Kluck-Henne.
(Evening Telegram, New York.)

bewiefen; man glaubte fie großenteils dem „Daterland" verloren; nun zeigten fie, daß fie ihre alte Heimat nicht vergeffen hatten und fetzten fich in jeder Hinficht tat= kräftig dafür ein, daß die Wahrheit über die Urfachen und den Derlauf des Krieges durchdringen konnte. An ihre Seite traten aus altem angeborenen und unausrott= barem Haffe gegen England gefchloffen die zahlreichen in Amerika lebenden Jr= länder, die drüben großen politifchen Einfluß befitzen. Man glaube nicht, daß aus= fchließlich die Beherrfchung der Kabel durch England und die Derbreitung der Lügen= depefchen die antideutfche Stimmung erzeugt haben; hinter diefe Täufchungen kam man fehr rafch: von einem Amerikaner rührt das Wortfpiel her: allies = all lies (die Alliierten = alles lügt). Es fpielen da andere tiefeingewurzelte Dorurteile mit. Der Amerikaner betrachtet England immer noch als eine Art Mutterland, Paris als maßgebend in allen Gefchmacksfragen (vor allem auch in der bildenden Kunft).

Eine Niederlage dieser Länder würde er wie eine persönliche Schlappe empfinden. Dann glaubt er immer noch an einen „deutschen Militarismus", von dem das deutsche Volk „erlöst" werden müßte und fürchtet von einem siegreichen Deutschland später Verletzungen der bis zum Überfluß zitierten Monroe=Doktrin (daher schon im spanisch=

Abb. 46. Robert Carter: „Mehr — und nicht so dünn!"
„More — and not quite so thin!".
(Evening Sun, New York.)

amerikanischen Kriege die feindliche Stimmung gegen Deutschland, die erst nach der Reise des Prinzen Heinrich freundschaftlicheren Gefühlen Platz machte).

So erklären sich die gegen Deutschland gerichteten Karikaturen, die den Kaiser „auf dem Rückzuge" aus Rußland schildern („German Defeat") mit dem Schatten Napoleons: „Glaubst du siegen zu können, wo ich unterlag?" oder „die Ereignisse reifen schnell" (the leaves are falling fast, die deutschen Waffen sinken wie trockene Blätter zu Boden) oder Sidney Greene's „Cracking a cultured nut" (der Kaiser in der Nußzange zwischen Heer und Marine der Verbündeten) und so die schon er= wähnten giftigen Zeichnungen im „Life". Denn, was man wünscht, glaubt man gern! Es kommen auch noch andere Momente für die antideutsche Stimmung in Frage, als da sind die rauhe Außenseite des Deutschen, die unvorteilhaft absticht von den gewandteren Formen des Anglo=Amerikaners, und die nicht gerade absolut notwendig ist als Zeichen von Rechtschaffenheit und Wahrheitsliebe, dann die deutsche Vereinsmeierei in Amerika mit ihren oft recht komisch wirkenden Aus= wüchsen.

Der wichtigste Grund der Deutschfeindlichkeit war aber für den Anglo=Ameri= kaner diesmal die Verletzung der sogenannten Neutralität Belgiens (so in den Reden des früheren Präsidenten der Har=
vard Universität, Eliot). Das „scrap
of paper", die Bezeichnung des
belgischen Neutralitätsvertrages als
eines wertlosen Papierfetzens, spielt
in den amerikanischen Blättern ge=
nau so wie in den englischen die
größte Rolle. Auch wirtschaftliche
Faktoren sprechen mit. Mit den
Verbündeten kann man Geschäfte
machen; mit Deutschland würde
man es auch tun, wenn die Mög=
lichkeit dazu vorhanden wäre. Im
allgemeinen kann man sagen: die
wirtschaftlichen Kreise, besonders
die Hochfinanz in den Neu=England=
Staaten, halten zu den Alliierten,
das akademisch gebildete Publikum
bewahrt wenigstens teilweise seine
Sympathien für Deutschland, dem
es so viel schuldet und ist weit da=
von entfernt, es für ein von Barbaren
bewohntes Gebiet zu halten. Man
lese nur die ehrliche Flugschrift, die
der bekannte Austauschprofessor
Burgeß von der Columbia=Univer=

Abb. 47. S. Conacher: Der nette, alte Herr.
(Dear me! and to think I came near on one of those myself
— in Mexico — not so very long ago!
(Life, New York.)

46

fität bereits im August 1914 veröffentlichte (im Herbst 1915 ist von ihm [deutsch
bei S. Hirzel in Leipzig] eine andere, sehr sachlich gehaltene Arbeit erschienen);
er ist Anglo=Amerikaner und kann seinen Stammbaum hunderte von Jahren zurück=
führen, er bekennt aber ganz offen, daß ihm näher als sein Mutterland das
Vaterland Deutschland steht, dem er sein Wissen und seine Bildung verdanke. Und
Burgeß steht mit seiner Propaganda für richtige Bewertung deutscher Kultur durch=
aus nicht einzeln da.

Das Wichtigste an Aufklärungsarbeit aber leisteten die deutschen Vereinigungen,
besonders auch die vom Mitgliede des Repräsentantenhauses Bartholdt gegründete
„Neutralitätsliga". Teilweise erfolgt diese Aufklärung in humoristischer Form. Der
deutsche Preßklub in New York hat ein solches Blatt herausgegeben; es nennt sich
„Die gefüllte Kriegsente" und beginnt gleich damit, die rätselhafte Neutralität
Amerikas zu verspotten, indem es an seinen Kopf setzt: New=York, Great Britain,
14. November 1914. Dann gibt es lustige Kriegsberichte von allen Schauplätzen,
ganz im Stil der anglo=amerikanischen Hetzblätter. „Englands Flotte nach den
Masurischen Seen" heißt es in Riesenlettern, und nun entwickelt der Berichterstatter
in Retroward den neuesten Feldzugsplan des Generals Kannrennen im Sinne der
Überschrift. Aus Paris gibt er folgenden ergötzlichen Schlachtbericht:

„Auf unserm linken Flügel erlitten die Deutschen eine vernichtende Niederlage. Die afri=
kanischen Schützen griffen zusammen mit den Indiern und Hottentotten das Zentrum des
Feindes bei Wosollderduebelweiten in Belgien an. Es entspann sich ein wütendes Geschütz=

Abb. 48. „Wessen Börse wird zuerst leer?"
Japanische Karikatur aus Osaka (Herbst 1914)

Abb. 49. George van Raemdonck: Wie Holland seine Neutralität wahren wird.
(Dadurch, daß es im Notfalle das ganze Land unter Wasser setzt.)
(De Amsterdammer Amsterdam.)

feuer, welches von unserer braven Artillerie indes bald nur mit Schweigen beantwortet wurde.
Da nämlich unser genialer Artilleriekommandeur sah, daß die deutschen Granaten eventuell
die französischen Truppenbewegungen hätten stören können und die Prussiens überdies keinen
Schuß Pulver wert sind, so zog er einfach seine Leute zurück. Dann begannen wir mit Helden=
mut den eigentlichen Angriff. Da aber das Gelände ungünstig war, so wurde das Schlachtfeld
später einige Kilometer rückwärts verlegt. Unsere tapfern Truppen ließen den Feind nicht zur
Ruhe kommen und blieben trotz der Hast unseres Rückzugs mit ihm in Fühlung. Seine Verluste
sind fürchterlich. Der feindliche General hat Selbstmord begangen. Sechs preußische Prinzen
wurden schwer verwundet, der Bruder des Kaisers wurde gefangen genommen."

Bemerkt sei noch, daß die Kriegsente mit Abbildungen reich verziert ist, die
ebenfalls über die Gesinnung der Zeichner keinen Zweifel lassen. Ein jämmer=
lich verprügelter englischer Löwe schmückt die letzte Seite, hoffentlich auch das Sym=
bol, mit dem der Weltkrieg einst zu Ende geht.

Solche Satiren auf gewisse amerikanische Zeitungen sind sehr nötig. Was allein
der in Deutschland in seiner Bedeutung weit überschätzte „New York Herald" (er
gehört durchaus nicht zu den Blättern der besseren Klassen) in Lügen und Ver=
hetzungen leistet, ist so hahnebüchen, daß man es nicht für möglich halten sollte;
es übertrifft an Dummheit bei weitem alles, was etwa von französischen Zeitungen
geboten worden ist. Danach müßte von dem deutschen Heere überhaupt kein Mann

Abb. 50. Dan. Lynch: Fabrikation der Schweizer-
käse während des Krieges.
(Life, New York.)

mehr übrig fein: Taufende von hungern=
den Menfchen wälzen fich durch die
Straßen Berlins vor das Schloß, überall
in der Reichshauptftadt werden Schützen=
gräben gezogen (vielleicht hat der Be=
richterftatter des „herald“ die Aus=
fchachtungsarbeiten für die neuen Un=
tergrundbahnen gefehen!). Kurzum,
Deutfchland fteht vor feinem nahen Ende.
Und diefen Blödfinn dann mit zenti=
meterhohen Typen in den „headlines“,
den Überfchriften, für deren fenfa=
tionelle Aufmachung ein eigener Mitarbeiter gehalten wird! Daneben
geht der haarige Unfinn, den andere
amerikanifche Zeitungen ihren Lefern
vorfetzen. „San Francisco Chronicle“
fchrieb: „Kaiser clips Ends of His
Mustache. When it was observed
some time after the beginning of
the war that the Kaiser's hair had turned white, no one paid much attention to
that change, but the removal of his mustache ends has struck the public imagi-
nation, and has, perhaps, strange as it may seem, done more than anything else
to convince the population of Berlin that the war outlook is becoming bad for
Germany.“ („Der Kaifer fchneidet die Spitzen feines Schnurrbarts ab. Als man
einige Zeit nach dem Ausbruch des Krieges bemerkte, daß das haar des Kaifers
weiß geworden war, achtete niemand fonderlich auf diefe Veränderung, aber die
Entfernung feiner Schnurrbartenden hat einen tiefen Eindruck auf das Publikum
gemacht und hat die Bevölkerung von Berlin mehr als alles andere davon über=
zeugt, daß die Kriegsausfichten ungünftig für Deutfchland find.“) — Im Chicagoer
„hardwood Record“, einem Blatt, das in der amerikanifchen holzinduftrie angefehen
ift, war folgende Notiz enthalten: „In Öfterreich werden Sägefpäne mit Teer ge=
mifcht und zu heizbrifetts verarbeitet. In Deutfchland wird aus Sägefpänen, die
mit Roggenmehl vermifcht werden, eine Art Brot gebacken, das von Menfchen
fowohl als auch von Pferden verzehrt wird. Eine Dampfbäckerei ftellt allein zwanzig=
taufend folcher Brote am Tage her.“ Solcher Unfinn ftand übrigens nicht bloß in
der anglo=amerikanifchen Preffe, deren Ignoranz zur Genüge bekannt ift. Auch
englifche Zeitungen, z. B. die Londoner Times haben in der erften Zeit manche Ente
in die Welt gefetzt. Ein uraltes Vorrecht der Unterliegenden ift die Lüge. Später,
als es mit den Lügen nicht mehr ging, haben fie allerdings recht objektiv berichtet.
Intereffant ift, wie folche falfchen Berichte oft entftehen. Man entfinnt fich, daß im
September 1914 die Nachricht die Runde durch die gefamte Preffe machte, es wären
achtzigtaufend Ruffen im hafen von Archangelft nach Frankreich eingefchifft worden.

In England nennt man im Eierhandel die rußiſchen Eier einfach Ruſſen, wie wir ruſſiſche Zigaretten kurzweg als Ruſſen bezeichnen und wie die Kaninchen, die in Maſſen aus Belgien über Oſtende nach London kommen, „Oſtendes" heißen. Zu Beginn des Septembers erhielt nun ein Londoner Eier-Kommiſſionär eine Depeſche des Wortlauts: „80 000 Ruſſen aus Archangel abgegangen." Ein Telegraphen= beamter erzählte dieſe Ankündigung als neueſte inhaltſchwere Zeitungsdepeſche geſchwätzig weiter, irgendein Reporter griff ſie auf — und in zwei Tagen waren die Zeitungsleſer der Alliierten um eine verheißungsvolle, erſt nach langer Zeit weichende Hoffnung reicher. — Hier waren alſo die unſchuldigen Eier an einer Nachricht ſchuld, die die ganze Welt tagelang beſchäftigte. Omne vivum ex ovo!

Über franzöſiſche Lügen hatte ſogar „Corriere d'Italia" eine grotesk wirkende Liſte gebracht: Die Baſutoneger haben ſich den Engländern als Pfeilſchleuderer angeboten; der Sultan von Marokko hat außer 50 000 Getreuen auch ein Heer von Odalisken nach Frankreich geſandt; die Deutſchen haben die Provinz Antwerpen geräumt, be= lagern aber die Feſtung dieſes Namens; die in Archangelsk an Bord genommenen Ruſſen ſind am Nordkap gelandet und treffen morgen in London ein; der Inn wälzt blutige Wogen in den Lech uſw. uſw.

Bewußt harmlos ſind dagegen die Zeichnungen in dem ſchon mehrfach zitierten „Life", wie die von Dan Lynch über Fabrikation der Schweizerkäſe in der jetzigen Zeit (Abb. 50); die Käſe werden zwiſchen der deutſchen und fran= zöſiſchen Grenze in die Höhe ge= wunden, und die Geſchoſſe ſorgen für die Durchlöcherung.

Hand in Hand damit gehen zahl= reiche Spottbilder gegen die „hy= phenated americans". So nennt man drüben die Iriſch=Amerikaner, Italo=Amerikaner, beſonders aber die Deutſch=Amerikaner, alſo die Leute mit dem Bindeſtrich(hyphen);

Abb. 51. Marcus: Das Duett der „Bindeſtrich-
. Amerikaner".
(N. Y. Times, New York.)

fie werden als Bürger zweiter Klaffe betrachtet, weil fie nicht als „reine Amerikaner"
gelten, befonders die „Dutchmen" (Spottwort für die Deutfchen). Gegen fie
wendet fich die Preffe der Kriegshetzer. In New York ift kürzlich fogar ein Theater=
ftück „The Hyphen" gegeben worden, das ein ganz blödes Machwerk der Deutfchen=
hetze darftellte. Autor und Direktor, G. Miles Forman und Charles Frohmann,
gingen ein paar Wochen fpäter mit der Lufitania unter. Es konnte fich übrigens
nicht lange auf dem Spielplan halten, obgleich die Reklame dafür fehr gefchickt
eingeleitet worden war. — Gegen die hyphenated americans richten ich alfo zahl=
reiche Karikaturen. Meift fitzen die Hyphenated auf einer Mauer und wiffen nicht,
nach welcher von beiden Seiten (Germany oder United States) fie fich wenden
follen, oder fie erfcheinen halbiert und fingen rechts „Deutfchland über alles", links
„The Star Spangled Banner" (Abb. 51). Im Sommer 1915 mehrten fich die
Karikaturen auf William Jennings Bryan, dem man allzu große Deutfch=
freundlichkeit vorwirft (Abb. 53, 54, 58). Daß Bernstorff, Dernburg und der
in den letzten Monaten oft genannte öfterreichifch=ungarifche Botfchafter Dumba
im Spottbilde eine große Rolle fpielen, verfteht fich von felbft (Abb. 52).

Aber auch hier muß der Wahrheit gemäß berichtet werden, daß es unter den
„echten" Amerikanern viele gibt, die mutig für Deutfchland eintreten. Gegen die
Kriegshetzer fchreibt unter anderem witzig das fozialiftifche „Appeal to Reafon"

Abb. 52. Karikatur auf Dumba, Dernburg und Bernstorff.
(Sidney Greene in „Evening Telegram", New York.)

Abb. 53. Bryan in seiner neuen Uniform.
(„Inquirer", Philadelphia.)

den Amerikanern ins Stammbuch: „Wenn Sie den Krieg lieben, ziehen Sie einen Graben in Ihrem Garten, füllen ihn halb mit Wasser, kriechen hinein und bleiben dort einen Tag oder zwei, ohne etwas zu essen; bestellen Sie sich weiter einen Geistes=

Abb. 54. Amerikanische Karikatur auf Bryans Deutschfreundlichkeit.
(Constitution, Atlanta.)

tranken, damit er mit ein paar Revolvern und einem Maschinengewehr auf Sie
schieße, dann haben Sie etwas, das gerade so gut ist und Ihrem Lande eine Menge
Geld erspart."

Eines imponiert den Amerikanern: die deutsche Organisation. Man kann
das gerade an den Karikaturen der Tageszeitungen wieder deutlich feststellen.
J. M. Allison, einer der Kriegskorrespondenten des nichts weniger als deutsch=
freundlichen „New York Sun", der dem Einmarsch der deutschen Truppen in Ostende
als Augenzeuge beigewohnt hat, schildert das, was er gesehen, den Lesern seines
Blattes in einem Bericht, der sich über die Ordnung, Manneszucht und Organi=
sation der deutschen Armee mit Worten uneingeschränkten Lobes ausspricht. „Seit
ich die Besetzung Ostendes durch die Deutschen erlebte," schreibt Allison, „bin ich
ein gläubiger Bekenner des Wahrheitssatzes, daß es in der Welt nur drei vollkom=
mene Organisationen gibt: die katholische Kirche, die Standard Oil Company und
die deutsche Armee." Aus dem „Evening Sun" stammt auch die in Abb. 46 wieder=
gegebene Karikatur aus dem Anfang des Krieges von Robert Carter „More
news and not quite so thin", eine Satire gegen Englands falsche Nachrichten.

Neben Robert Carter steht der originelle Sidney Greene. In „The Bread
Line" knüpft der Zeichner an den Gebrauch großer New Yorker Bäckereien an,
die gegen Mitternacht, besonders im Winter, Brot an die hungrigen Armen ver=

Abb. 55. Jack Walker: Die russische Dampfwalze.
(Daily Graphic, London.)

THE KNOTTY DACHSHUND

Abb. 56. Sidney Greene: Der Dachshund mit den Knoten.
(Evening Telegram, New York.)

teilen laſſen, die ſich dabei hintereinander anſtellen müſſen. Eine ſolche „Brot-
linie" werden nach ſeiner Meinung vielleicht auch die europäiſchen Mächte bilden,
wenn ihnen die Nahrungsmittel ausgehen und ſie Amerika um Unterſtützung angehen
müſſen. Greene zeichnete auch ein Kinotheater, genannt „Theatre de l'Europe".
„Greatest war scenes in history", die größten Kriegsereigniſſe der Welt werden
vorgeführt. Ein Plakat zeigt die Hauptdarſteller, die „principals", und unter ihnen
ſofort ins Auge fallend den deutſchen Kaiſer. Italien überlegt ſich, ob es teilnehmen
ſoll oder nicht. Der Tod ſitzt an der Kaſſe, und da fällt die Entſcheidung ſchwer.
Inzwiſchen iſt Italien doch eingetreten, und der Tod hat reichliche Ernte gehalten. —
    Den „Dachshund" (das Wort iſt ganz in den engliſchen Sprachgebrauch über-
gegangen) findet man häufig als „Vertreter" Deutſchlands. Beſonders in England

und Amerika treffen wir die Dackel in Scherzbildern, die sich mit deutschen Ange=
legenheiten befassen. Die „Fliegenden Blätter" könnten gelb werden vor Neid!
So zum Beispiel in dem Karton von Jack Walker aus dem „Daily Graphic" in
London (Abb. 55). Das war noch zur Zeit, als man in England seine Hoffnung auf
die russische Dampfwalze gesetzt hatte. Aber wir haben die vom Zeichner ironisch
aufgestellte Warnung „Beware of steam roller" („Achtung, Dampfwalze!") befolgt,
wenn auch in anderer Weise, als den Engländern lieb war. Das gleiche Thema be=
handelt, künstlerisch aber weit bedeutender, die Zeichnung von Marcel Bloch
in der „Guerre sociale" (Abb. 57). Mit innigem Behagen und einem tiefen Gefühl

Abb. 57. Marcel Bloch: Die russische Dampfwalze.
(La Guerre sociale, Paris.)

der Dankbarkeit gegen unser Heer und seine Führer im Osten betrachten wir diese
Blätter heute, wo längst der Große Bär in den Wendekreis des Krebses getreten
ist, oder, um deutsch zu reden, Rußland kehrt gemacht hat und immer weiter nach
Osten weicht.

Einen Dackel zeichnet auch Sidney Greene (Abb. 56); er hat sich reich=
lich übernommen. Aber die Dackel sind ja kluge Tiere: er wird mit den vielen
Knoten (Knoten im doppelten Sinne) schon fertig werden! Die Dackel folgen be=
kanntlich nie. Vielleicht ist das auch ein Grund, weshalb uns die Engländer so dar=
stellen: wir sind ja ihren Wünschen auch nicht gefolgt. Englische und französische
Überpatrioten hatten am Anfang des Krieges verlangt, man solle die (besonders
in England viel gehaltenen) Dackel als „boches" töten und ausrotten. Dann erfuhr
der „Dachshund" aber eine „Ehrenrettung" durch „Daily Mail", die herausbrachte,
daß sich Dackel schon auf altägyptischen Denkmälern dargestellt finden.

Abb. 58. Bryans Entwicklung zur Friedenstaube.
Amerikanische Karikatur.

Eine der gelungensten Zeichnungen Greenes ist die Kluckhenne (Abb. 45).
Kluck hat einen großen Sieg errungen. Es entstand die Frage: „Can he hatch it?"
Kann er ihn ausbrüten, das heißt: ausnutzen in Anbetracht der zahlreichen
Waffen, die ihn umstarren?

Durch spöttische Bemerkungen machen sonst ganz in englischem Fahrwasser
schwimmende Blätter gegen englische Nachrichten und die irrsinnigen Redewen=
dungen mancher Redakteure mobil, deren Sprache als „Desperanto" bezeichnet
wird. Einen geistvollen Aphorismus, der die englische Politik vortrefflich kenn=
zeichnet, brachte die „Deutsche Zeitung" in Charleston: „This war was not made
in Germany, but ‚made in Germany' is the cause of it!" („Dieser Krieg wurde nicht
in Deutschland gemacht, aber ‚made in Germany' ist die Ursache davon").

Sehr sympathisch berührt uns die Karikatur des schon mehrfach genannten
Robert Carter „Who said rats?" (Abb. 59). Der englische Minister Churchill
hatte von den deutschen Schiffen als Ratten gesprochen, die man aus ihren Löchern
ausgraben müsse, da sie sonst nicht hervorkämen. Die großartigen Leistungen deut=
scher Unterseeboote waren die Antwort. Der amerikanische Künstler zeigt uns nun
in dem sehr geschickt komponierten Blatte, wie Tirpitz, hinter dem ein Heer von
Schiffen und Zeppelinen steht, den englischen Löwen bei den Ohren nimmt. Daß
ein sonst Deutschland abholdes Blatt eine solche Zeichnung bringt, die damit zu
hunderttausenden von Lesern gelangt, ist ein deutlicher Beweis dafür, daß schließ=
lich über alle Lügen und Entstellungen doch die lautere Wahrheit triumphieren
muß!

Wasser auf die Mühlen aller deutschfeindlichen Elemente war die Torpedierung
der „Lusitania" am 7. Mai. Die aufs äußerste erregte Stimmung in den Vereinigten
Staaten spiegelt auch hier die Karikatur deutlich wider. Ein Gefühl der Erhaben=
heit über Beleidigungen ist diesen Zeichnungen gegenüber besonders notwendig.

Die modernen Waffen dieses Krieges, die namentlich auf deutscher Seite so
außerordentlich erfolgreich angewendet wurden: Unterseeboote, Luftschiffe, tötende
Gase, haben auch in der gesamten Weltkarikatur zu zahlreichen, oft sehr bedeutenden
Darstellungen geführt. Alle die Bilder über die Torpedierung der „Lusitania" ge=
hören ja in das Kapitel „Unterseeboot", über das sich allein schon ein dicker Band
von Karikaturen zusammenbringen ließe. Die „Lusitania"=Karikaturen sind eigen=

tümlicherweise nicht in England am zahlreichsten, das durch den Untergang des Riesendampfers doch am meisten getroffen wurde, vielmehr hat quantitativ und qualitativ Amerika das meiste geleistet und nächst ihm Holland; wie überhaupt, soweit sich das Gebiet der Karikatur im Weltkrieg bisher übersehen läßt, in Amerika und Holland die künstlerisch wertvollsten Scherzbilder entstanden sind.

Wie bekannt, erfolgte die Torpedierung der „Lusitania" ohne vorherige direkte Warnung, wobei eine große Anzahl bekannter oder, wie man drüben sagt, „prominenter" Amerikaner ihr Leben verlor. Wir wollen einmal annehmen, das Umgekehrte wäre eingetreten, Deutschland hätte in einem Kriege, in dem es neutral geblieben wäre, auf die gleiche Weise eine Reihe seiner besten Bürger eingebüßt: sicherlich wäre auch bei uns die Erregung zur Siedehitze gestiegen und hätte in den Witzblättern (in diesem Kriege ist der Ausdruck „Witzblatt" eigentlich geradezu eine Profanation) zu den denkbar schärfsten Angriffen geführt. Allerdings hätte man in Deutschland die Bekanntmachung eines fremden Gesandten nicht mit Spott und Hohn hingenommen, wie es in Amerika mit den Warnungen geschehen ist, die Graf Bernstorff in Zeitungen und durch private Briefe ergehen ließ. Deshalb ist es ja auch nicht richtig, von einem Torpedieren der „Lusitania" ohne vorherige Ankündigung zu sprechen. Aber die amerikanische Presse nahm diese Warnungen nicht ernst. So zeigt noch ein Spottbild in der Morgenausgabe des „New York Herald" vom Sonnabend dem 8. Mai „The Announcer" Bernstorff mit umgeschlagenem Mantel und den Attributen des Todes, während im Hintergrund das Plakat der Cunard-Linie klebt, die dort ihre Abfahrtszeiten der „fastest and largest steamers" ungehindert ankündigt. Diese Zeichnung von W. A. Rogers sollte ein Hohn auf Bernstorffs Warnungen sein. Nachdem das große Schiff nun tatsächlich versenkt war, überbot sich die amerikanische Presse an gehässigen Darstellungen, die sich hauptsächlich gegen den Kaiser und Tirpitz, die als die Urheber des „Verbrechens" angesehen wurden, richteten. Der schon früher genannte Sidney Greene zeigt im „Evening Telegram" den Kaiser persönlich mit einem riesigen Torpedo die „Lusitania" in den Grund bohrend, während Frauen und Kinder rettungslos auf den Wellen treiben: „Sein Platz an der Sonne". In derselben vielgelesenen Tageszeitung brachte der Zeichner Sarr eine Karikatur, in der die drei größten Seeräuber aller Zeiten, Kapt. Kidd, Simms und — Sir Henry Morgan dem Kaiser den Lorbeer (the wreath) überreichen: „Handing it to him" („Ihm gebührt der Ruhmeskranz"). Robert Carter veröffentlichte in „Evening Sun" eine Satire mit der ironischen Bezeichnung „Brave Work", auf der der Kaiser einem Seewolf, der die Bezeichnung trägt: „War on Helpless Shipping", das Eiserne Kreuz umhängt. In der gleichen Zeitung konnte man ein Bild sehen, das den Kaiser mit der gepanzerten Faust, die berühmte „mailed fist", mit Tirpitz im Hintergrunde zeigt: „Laws? I make My Own Laws" (Was scheren mich Gesetze, ich mache meine eigenen!). „Cincinnati Times" brachte eine Zeichnung von Bushnell mit der riesigen Figur des Todes, die aus dem Meeresgrunde aufsteigt und die „Lusitania" in die Tiefe zieht, während das deutsche Unterseeboot unbekümmert abfährt; „Philadelphia Public Ledger" vereinfachte den Gedanken: Man sieht auf den tobenden

Abb. 59. Robert Carter: Wer sprach von Ratten? (Who said rats?).
(Evening Sun, New York.)

wellen einen deutſchen Helm mit der Piratenflagge an der Spitze. „Brooklyn Eagle" bringt die amerikaniſche Flagge (Stars and Stripes), blutbefleckt, darunter die Unterſchrift: „Das iſt unſer Blut". Noch viel ſchärfer waren die Darſtellungen in der ſchon genannten bedeutendſten Wochenſchrift „Life"; ſie ſind derartig zyniſch, daß man ihren Inhalt aus einfachen Anſtandsgründen nicht einmal zitieren kann. Auf einer der verhältnismäßig noch harmloſen Zeichnungen von McKee ſieht man Uncle Sam, wie ihn der Kaiſer mit der Peitſche bearbeitet, ſo daß Streifen auf dem

Abb. 60. Robert Minor: In Erwartung des 18. Februars.
Beginn des Unterseebootkrieges.
(World, New York.)

Rücken entstehen, und Tirpitz ihm mit einer schweren Keule auf den Kopf schlägt, so daß Funken und Sterne sprühen; die ironische Unterschrift lautet: „Stars and Stripes". In der gleichen Zeitung, deren Leser nach vielen Hunderttausenden zählen, findet man dann die häßlichsten und gemeinsten Spottverse gegen Deutsch= land und seinen Kaiser.

Und dieselbe, auch in England weitverbreitete amerikanische Wochenschrift, gab gleichzeitig eine Sondernummer „Vive la France" heraus, in der die „Schwesterrepublik" in einer Reihe süßlich=fader Bilder in den Himmel ge= hoben wird!

Man hat in Deutschland im allgemeinen doch wohl nicht begriffen, wie erregt und kritisch nach dem Untergange der „Lusitania" die Stimmung in Amerika gegen uns war. Die Karikaturen zeigen es zur Genüge, und wir können den Män= nern, deren Bemühungen es gelungen ist, den Frieden mit einem Lande zu er= halten, in dem so viel stammverwandte Menschen wohnen, gar nicht dankbar genug sein. Die hier angeführten Beispiele sind nur ein kleiner Teil der ungezählten „Lusitania"=Zeichnungen der Amerikaner. — Natürlich hat es auch in der französischen Presse nicht an beißenden Satiren gefehlt. J. J. Roussau brachte ein Blatt: „Dieu vous sauve"; der Personendampfer ist eben versenkt, und Frauen und Kinder treiben hilflos auf den Wellen, während der deutsche Unter= seeboots=Kommandant lachend davonfährt. Diese Zeichnung trägt die Überschrift: „Les fils chéris de Bénoit XV", ist also gleichzeitig ein Spottblatt gegen den Papst, dessen unparteiische Haltung ihm besonders in Frankreich und Italien wütenden Haß einbrachte (Abb. 61). Grandjouan zeichnete für „Le Rire Rouge" eine ganz= seitige Darstellung, die Wilson am Meeresstrande zeigt, wo die Leichname einer

Abb. 61. L. Métivet: Päpstliche Worte.

Französische Karikatur gegen den Papst wegen seiner Aussprüche, in denen er Deutschland Gerechtigkeit
widerfahren ließ. „Interwievé en français, le Souverain Pontife, qui est italien, a répondu en allemand.“
(Le Rire Rouge, Paris.)

Abb. 62. Amerikanische Karikatur auf die Angriffe
der Unterseeboote.
(Life, New York.)

Abb. 63. Grandjouan: Wilson und die Lusitania.
(Le Rire Rouge, Paris)

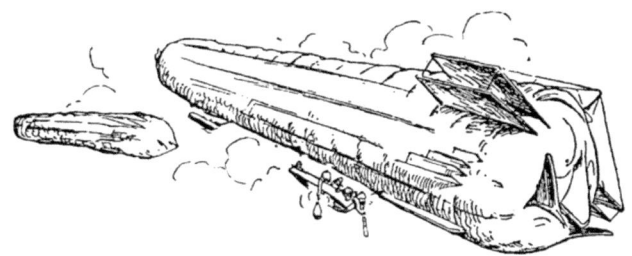

Abb. 64. Alb. René: Die Zeppeline.
(Französische Karikatur.)

Mutter und zweier Kinder angespült werden, die noch den Rettungsring der „Lusi=
tania" tragen, während im Hintergrunde Haifische auf das leckere Mahl warten:
„Décidément, non, je ne peux être du parti des requins" (Wahrhaftig, nein, mit
diesen Menschenfressern will ich nichts mehr zu tun haben!) (Abb. 63). — Sehr
deutschfeindlich sind auch die Darstellungen, die die holländische Presse über den
„Lusitania"=Untergang brachte. Johan Braakensiek lithographierte für den
„Amsterdammer" ein Blatt „De dolle stier is los". Der tolle Stier ist natürlich
Deutschland, auf den die ganze Welt Jagd machen müßte. Von P. de Jong erschien
im „Nieuwe Amsterdammer" eine Darstellung des Untergangs der „Lusitania", in
der der Tod die Schornsteine und Segel kappt, während rechts der Teufel, der die

Abb. 65. Sidney Greene: Verdammt nochmal!
(Evening Telegram, New York.)

Abb. 66. P. van der Hem: Die Lusitania.
(De Nieuwe Amsterdammer, Amsterdam.)

Züge des deutfchen Kaifers trägt, in die Worte ausbricht: „Goed zoo! Zoon cultuur is ook de mijne" (Gut fo! Solche Kultur ift auch die meinige!). Eine Infchrift auf des Teufels Flügeln lautet in deutfcher Überfeßung: „Sterbliche, laßt in meinem Dienfte alle Menfchlichfeit fahren!" Am fchlimmften gibt fich, wie immer, Louis Raemaekers: Das Gewiffen hält den „Mörder" (Deutfchland) in die Höhe „Alle, die Ihr nicht protestiert gegen die barbarifchen Kriegsmethoden diefes Ungeheuers, feid feine Mitfchuldigen!" — Das charafteriftifchfte Blatt aber brachte diefelbe Zeit= fchrift in einer farbigen Zeichnung von dem fchon früher gewürdigten P. van der Hem. Don ihm rührt auch das großartige Blatt her, das wir weiter hinten ab= bilden, die Wirfung der Stickgafe darftellend. Auf der hier wiedergegebenen Kari= fatur „De Lusitania" fehen wir uns in das Bureau einer deutfchen Zeitung verfeßt (der Name an der Tür ift wohl ganz willfürlich gewählt). Die Schreibmafchine trägt die Auffchrift „Gott ftrafe England", einer der Mitarbeiter fragt den Chef= redafteur: „Ich habe hier noch einen Nefrolog über den Untergang der ‚Titanic‘, fönnen wir den nicht jeßt wieder abdrucken?" worauf der andere erwidert: „Tun Sie das, aber er muß dann als Jubel=Artifel umgearbeitet werden." (Abb. 66.)

Die Torpedierung der „Lufitania" ift nur eines der vielen weltbewegenden Ereigniffe diefes Krieges gewefen. Macht man fich nun flar, welche Fülle von Kari=

faturen allein dieſes eine Vorkommnis hervorgerufen hat, ſo gibt das ungefähr
einen Begriff von der ungeheuren Maſſe ſatiriſcher Bilder, die der Weltkrieg über=
haupt angeregt hat.

Indirekt gehören zu dem Kapitel „Luſitania" auch die ſelbſtironiſierenden
Zeichnungen über die mangelhafte Rüſtung der Vereinigten Staaten, denen man
in der amerikaniſchen Preſſe begegnet. So klug ſind die Amerikaner doch, um zu
wiſſen, daß ſie militäriſch einem mächtig gerüſteten Reiche gegenüber, wie es „Ger=
many" iſt, nichts auszurichten vermögen. Die in Abb. 72 wiedergegebene Zeichnung
„The World Power", in der die United States ironiſch als Weltmacht bezeichnet werden

Abb. 68. A. Noël: „Les Soutiens de Germanie.“
(Le Rire Rouge, Paris.)

(sie ist von Harri Grant Dart und im Juli 1915 im „Life“ erschienen), möge dafür als typisches Beispiel dienen.

Das Unterseeboot ist, wie schon gesagt und wie auch die Abbildungen 60, 62, 66—70 weiter zeigen, ein häufiges Thema in den Karikaturen; oft kommt ein Gemisch von Bewunderung und Neid darin zum Ausdruck. Ein findiger Franzose schlägt im „Figaro“ vor, das Meer im Gebiete der Kriegszone mit Öl zu begießen. Dadurch würden die Gläser der Periskope fettig werden, dann könnte man sie nicht mehr benutzen, und die deutschen Unterseeboote wären lahmgelegt. Der Chefredakteur des „Figaro“, Alfred Capus (de l'Académie) gibt diese Anregung mit empfehlenden Worten weiter.

Ebenso geht es den Zeppelinen; denn wenn auch die Alliierten so tun, als rührten sie die Zeppelinfahrten nicht (der „Punch“ bringt sogar scherzhafte Plakate, wie eine Ankündigung des Bades Northend on Sea, das als besondere Attraktion „frequent visits of Zeppelins“ empfiehlt), so haben sie doch in Wirklichkeit einen Heidenrespekt vor den Beherrschern der Luft. Und ebenso muß eine Zeichnung von Paul Iribe im „Journal“ bewertet werden, wenn die Mutter zu ihrem ungezogenen Jungen in Paris sagt: „Sei artig, sonst darfst du nicht mitgehen, wenn wir uns heute die Zeppeline ansehen gehen!“

Abb. 69. P. Simmel:
Panik an der Themse.
(„Um Gottes willen, —
da kommt doch schon
wieder was!").
(Lustige Blätter, Berlin.)

Abb. 70.
Johan Braakensiek:
Der neue Tod.
Holländische Karikatur
auf die Unterseeboote.
(De Amsterdammer.
Amsterdam.)

Abb. 71. Reinuemel:
Otez l'Œillère!

(Die Scheuklappen weg
(Le Rire Rouge, Paris.

Abb. 72. Harry Grant Dart: Das wohlgerüstete Amerika.
Amerikanische Karikatur auf die mangelhaften Vorbereitungen der Vereinigten Staaten. (Life, New York.)

Abb. 73. P. van der Hem: Der neue Tod.
(Die Stickgase.)
(De Nieuwe Amsterdammer, Amsterdam.)

68

Wolffs Telegraphen-Bureau darf natürlich auch nicht zu kurz kommen; hier ist es besonders die französische Presse, die sich diese Depeschenagentur aufs Korn genommen hat (genau so wie die deutsche das Bureau Reuter), übrigens nicht nur in rein karikaturistischen Darstellungen wie die der Abb. 71, sondern auch in harmloserer Verbindung. A. Guillaume, der bekannte Darsteller galanter Szenen, zeigt den plötzlich von der Reise ins Schlafzimmer seiner Frau zurückkehrenden Ehemann (der Galan verschwindet grade unterm Bett): „Ich bin schleunigst wiedergekommen; ich habe eine Depesche erhalten, daß du mich betrügst!" Darauf sie: „Pah! Das ist doch natürlich wieder nichts anderes als so eine alberne Nachricht des Wolffschen Bureaus!"

Die modernste und vielleicht schrecklichste Waffe, die Stickgase (asphyxiating gases) hat in dem schon vorher genannten P. van der Hem ihren Meister gefunden. Sein großes Blatt aus dem „Nieuwe Amsterdammer" kann man wohl mit Recht als eine sehr gelungene Versinnbildlichung der erstickenden Dämpfe betrachten. Aus dem langen, röhrenartig erweiterten Totenschädel strömen die giftigen Dämpfe in den feindlichen Schützengraben, Tod und Verderben verbreitend. Bei allem Ernst, der über dem Blatt lagert, ist der Vorwurf, den sich der Künstler gewählt hat, temperamentvoll wiedergegeben. Trotzdem außer dem schwarzen Grundton nur Blau verwendet wurde, ist die Zeichnung farbig doch sehr stimmungsvoll. Ein Mann wie P. van der Hem, bei dem sich so scharfe Beobachtung mit technischem Können vereint, wäre der gegebene Zeichner für einen großen Totentanz des Weltkriegs. Gegen seine Darstellung der Stickgase (Abb. 73) fällt die des Franzosen Lanos „La bête puante" aus dem „Rire rouge" gänzlich ab. Unter Hineinschleppung viel zu vieler Einzelheiten und bei farbig-fahriger Buntheit läßt die Zeichnung den Eindruck des Schrecklichen, den der Künstler beabsichtigte, durchaus vermissen und wirkt eher komisch.

Mit einem herrlichen Schwunge setzte
das letzte Vierteljahr 1914 ein.

(Kladderadatsch.)

Abb. 74. Postkarte, entstanden im deutschen Großen Hauptquartier
im Westen.

Marianne, armes Kätzchen,
Verbrennst Dir Deine Tätzchen
Beim Holen der Maronen
Am Feuer des Teutonen,
Aus Liebe zu John Bull, dem Briten
Dem gierigen Affen, dem Perfiden.

PARADE-MARCHE

Michel vole les pendules; von Boden, les tableaux;
Gretchen vide les armoires et Messieurs les Officiers, les caves.

Abb. 75. Ricardo Florès: Parademarsch.
Aus dem Album „Boches, Deutschland unter Alles“.
(Paris. Ollendorff Editeur, 1914.)

Abb. 76. Métivet: Welches ist denn nun der „Kriegsfuß‟?
(Le Rire, Paris, Juli 1914.)

als sogar Sondernummern gegen die Engländer herausgegeben wurden, wie na=
mentlich zur Zeit des Burenkrieges. Derselbe Willette, der sich heute in gehässigen
Kartons gegen die deutschen „Barbaren‟ nicht genug tun kann, brachte damals
ein Blatt, auf dem der Tod die abgemagerte Britannia davonträgt. Darunter stand
zu lesen: „Der Tag, an dem das perfide Albion verreckt, wird ein Freudentag der
Menschheit werden!‟ — Aber auch später haben die Pariser Witzblätter sich noch
weidlich über England lustig gemacht. So nach den letzten englischen Manövern,
die wegen totalen Wirrwarrs und weil niemand mehr ein und aus wußte, schließ=
lich abgebrochen werden mußten. — Vielleicht ist die Zeit nicht allzu fern, wo sich
die Stifte der französischen Zeichner wieder gegen jenen Feind wenden werden,
der die Ursache der „Schmach von Faschoda‟ war. Dann wird Frankreich einsehen,
wie treffend die Situation jene als Abbildung 74 wiedergegebene Karte charakte=
risiert, die aus dem deutschen Großen Hauptquartier im Westen stammt. Frank=
reich erntet eben die Früchte seiner Revanchepolitik und wird wohl schließlich die
Hauptzeche zahlen müssen, wenn die Engländer die Absicht haben, bis zum letzten
Franzosen zu kämpfen.

Eine andere Karte mit französischem Text hat das deutsche Große Haupt=
quartier im Westen sich von Trier zeichnen lassen. Sie zeigt einen Engländer, der
im Blute watet und die darin ertrinkenden Franzosen mit folgenden Versen
anredet (dieser Engländer scheint übrigens eine Ausnahme zu sein, denn

Abb. 77. Charles Léandre, Le Silencieux: Joffre. Il ne dit rien, mais chacun l'entend.
(Le Rire Rouge, Paris.)

Abb. 78. E. Tap: Joffre, der treue Wächter.
(La Guerre sociale, Paris.)

die wenigsten, nicht einmal Herr Grey, beherrschen eine andere Sprache, als die englische):

Dans ce sang, versé pour me plaire,
Vous vous noyez? Goddam, tant pis!
Rappelez-vous, ce que Voltaire,
Un des vôtres, un très fin esprit,
A dit de l'histoire d'Angleterre;
„On y voit", prétend ce grand homme,
„Le sang couler comme de l'eau,
Elle pourrait aussi bien en somme,
Etre écrite par un bourreau!"

(In diesem Blute, vergossen für mich,
Ertrinkt ihr? Goddam, um so schlimmer!
Euer Voltaire, denket dran, sicherlich
Ein geistvoller Kopf, doch ein grimmer,
Über Englands Geschichte äußert er sich,
Der Spötter, der große, man sehe dort
Wie Wasser fließen das rote Blut,
Geschrieben sein könnt' sie, mit einem Wort,
Von Henkershand ebensogut!)

Als Ersatz für die nicht mehr erscheinenden Witzblätter mußten in den ersten Kriegsmonaten Ansichtskarten herhalten, die auf den Boulevards zu Tausenden gekauft wurden. Sie sind noch viel schlimmer als die deutschen „Ulkkarten" aus den ersten Monaten des Krieges, und das will doch gewiß viel heißen! Irgend etwas Geistvolles bringt diese schmutzige Wut nicht fertig. Man sieht den deutschen Kaiser, dem täglich ein Glas Blut frischgeschlachteter Kinder serviert werden muß (der „Künstler" nennt sich P. Carrère); sieht den Kaiser in der Uniform der Totenkopf-

Husaren ein Kind als Zielscheibe festhalten, während ein „Boche" mit kupferroter
Nase es totschießt, auf einer andern den Kaiser vor der Bibel betend, während ein
deutscher Soldat mit einem Schwein daneben auf einen Priester schießt (die letzteren
beiden Karten sind erschienen bei La Litho Parisienne, 27 rue Corbeau; der Zeichner
führt den urfranzösischen Namen Muller). Es wäre ganz verkehrt, diese Absurdi=
täten tragisch zu nehmen und sich sittlich darüber zu entrüsten, sie sind unsagbar
dumm; höchstens kann man bedauern, daß ein hochkultiviertes Volk so tief sinken
konnte. Dann gibt es Karten mit dem abgehackten Kopf eines Deutschen als „Plat
du jour" und solche mit allen möglichen Schandtaten, die die Boches verüben. Wie
traurig muß es um ein Volk bestellt sein, das zu solchen Mitteln greift! Das alles
ist ja nun eigentlich nicht neu. Wer die Ausstellung von Kriegsliteratur der Jahre
1870/71 besichtigt hat, die die Berliner Kgl. Bibliothek kürzlich veranstaltete, der
hat sich überzeugen können, daß es auch vor vierzig Jahren nicht anders war, und
daß die Bezeichnung Hunnenfürst für den Repräsentanten des deutschen Kaiser=
tums schon damals gang und gäbe war. Da heißt es in einem Erlasse: „Les hordes
barbares de l'Attila moderne égorgent, violent, brûlent et saccagent tout dans
nos plus riches départements; ils osent menacer Paris, la ville sainte, la capitale

Abb. 79. Manfredini: Suprême serment. Schwöre mir, Otto,
daß du mich nicht mit einer Französin betrügen wirst.
(Le Rire rouge, Paris.)

Abb. 80. Teddy: Conseil de Revision.

Un rein flottant . . .; mais c'est parfait, on va vous mettre dans la marine!" (Eine flutende (Wander-) Niere . .;
das ist ja ausgezeichnet, da kommen Sie zur Marine!)
(Le Rire rouge, Paris.)

du monde civilisé." Und auch gegen den deutschen „Militarismus" wurde schon
damals für „Freiheit und Zivilisation der Welt" gefochten; Napoleon III. ermahnt
in einem Erlaß vom 28. Juli 1870 seine. Soldaten: „La France entière vous suit
de ses voeux ardents et l'univers a les yeux sur vous. De nos succès dépend le
sort de la liberté et de la civilisation." Und auch von den Grausamkeiten der Deut=
schen war schon damals die Rede. Ein Manifest vom 18. Januar 1871 sagt wört=
lich: „L'ennemi tue nos femmes et nos enfants, il nous bombarde jour et nuit,
il couvre d'obus nos hôspitaux."*) Und daß die französischen Schulhefte als Titel=
blätter vor dem Kriege Hetzbilder gegen die Deutschen brachten, ist uns ja wohl=
bekannt. In dem gleichen Stile bewegen sich jene Karikaturenhefte, die zu billigem
Preise in Paris verkauft werden. Man hat das Gefühl, als ob dieser wahnsinnige
Haß allein noch die verschiedenen Parteien in Frankreich zusammenzuhalten ver=
mag. Ein solches Album ist beispielsweise bei Ollendorff in Paris unter dem Titel
„Boches" erschienen. (Boches! Deutschland unter alles. Don Ricardo Flores. Preis
60 Centimes, Ollendorff Editeur, Paris. 16 Seiten in Großquart.) Abbildung 75
führt eine verhältnismäßig harmlose Seite daraus vor. Die übliche Ungenauigkeit der
Franzosen bei Darstellung deutscher Verhältnisse zeigt sich auch hier wieder: Sie kennen
nicht einmal den Namen des Generaldirektors der preußischen Museen (der übrigens
sprechend unähnlich dargestellt ist). Die übrigen Tafeln zeigen die bekannten Dar=
stellungen von Plünderung, Raub, Kindermord usw.

Zu den widerlichsten Veröffentlichungen Frankreichs gehört das im Verlage
der „Librairie de l'Estampe" erschienene „La ‚Kultur' Germanique en 1914/15".

*) „Schlagworte", Aufsatz von Rudolf Friedmann in der „Vossischen Zeitung" vom
2. Januar 1915.

„Da bleibt nur viererlei übrig: Hungertod, Selbftmord, fich gegenfeitig auffrefien, oder die Rettung
durch einen deutfchen Bergführer."

Abb. 81. Willy Stieborsky: Verstiegen.
(Die Alliierten auf dem Balkan.)
(Muskete, Wien.)

Blättert man diese vierzehn Zeichnungen durch, so fragt man sich unwillkürlich: Gibt es denn in ganz Frankreich keinen Menschen, der diese sinnlosen Roheiten öffentlich an den Pranger stellt? Auf dem Umschlag eine abgehackte, beringte Frauenhand und im Innern Darstellungen von Mord, Schändung, Vergewaltigung und den widerlichsten Grausamkeiten. Ein Volk, das solche Gemeinheiten duldet, hat wahrlich kein Recht, von andern als Barbaren zu sprechen. Wie weit sich aber in der französischen Presse die Schamlosigkeit offenbarte, dafür ist eine Karikatur von Maya in dem so viel genannten „Matin" vom 26. Januar ein charakteristisches Beispiel. Die „Frankfurter Zeitung" bemerkt dazu treffend: „Der Pariser ‚Matin', der nicht auf den Krieg gewartet hat, um sich im Urteil der ganzen Welt einschließ= lich der damals noch etwas urteilsfähigeren öffentlichen Meinung Frankreichs selber als den Schandfleck der europäischen Presse zu dokumentieren, fürchtet jetzt offenbar, daß es irgendwo in der Welt noch jemand geben könnte, der an seinem völligen Verzicht auch auf den letzten Funken von journalistischem Anstandsgefühl zweifelt. In der Tat, nur als verzweifelte Bemühung der Schamlosigkeit, sich selbst zu übertreffen, ist das Bild zu verstehen, das der ‚Matin' in seiner Nummer vom 26. dieses Monats veröffentlicht, und das in den Zügen eines Affen den greisen Kaiser von Österreich erkennen lassen will. Die Infamie der bildlichen Darstellung aber ist noch gesteigert durch die Bezeichnung ‚L'Increvable', für die es weder im

Abb. 82. Rata Langa: Uccidiamo il militarismo.
(L'Asino, Rom.)

Deutſchen, noch in der Sprache irgendeines Menſchen, dem die Würde des Alters
nicht als geeigneter Gegenſtand ſcheußlichſter Derhöhnung erſcheint, eine dem ge=
meinen Gedanken entſprechende Überſetzung gibt. Der Geiſt, der aus dieſem
Schandprodukt ſpricht, iſt im übrigen würdig des Blattes, das jetzt im Begriff iſt,
mit der Deranſtaltung einer Dolfsausgabe (!) des franzöſiſchen Greuelberichts ein
Geſchäftchen zu machen, zu deſſen Hintertreibung ſich der Pariſer Rechtsgelehrte
Charles Gide nicht umſonſt gerade an den Senator Béranger in ſeiner Eigenſchaft
als Dorſitzender der Liga für die Bekämpfung der Pornographie gewandt hat." —
Manchmal hat der „Matin" auch Pech gehabt, wie mit ſeinem „Dardanellen=
Thermometer." Als die Beſchießung der Meerengen durch die Alliierten begann,
erſchien im „Matin" ein „Thermometer" von der Hand der Derbündeten gehalten.
Unten lag Kum Kaleh, oben Konſtantinopel, dazwiſchen die andern Orte der Dar=
danellen. Dieſes Kliſchee ſollte täglich gebracht werden und zeigen, wie die
Queckſilberſäule immer höher ſteigt (durch das Feuer der Alliierten!), bis ſie
ſchließlich Konſtantinopel erreichen würde. Aber ſchon am dritten Tag blieb das

Abb. 83. Sacha Guitry: Die beiden Kaiser.
(Le Journal, Paris.)

Abb. 84. Die „Permissions de quatre jours".

Französische Karikatur auf den viertägigen Urlaub, den die Truppen im Interesse
der Volksvermehrung erhalten und auf die sich darauf beziehenden Vorbereitungen
der Pariser Damenwelt.

schöne Klischee aus den Spalten des „Matin" wieder weg: die Quecksilbersäule
war zu tief gefallen.

Seit November 1914 erscheint „Le Rire" wieder und zwar unter dem Titel
„Le Rire rouge" als Kriegsausgabe, nachdem dieses bedeutende französische
Witzblatt kurz nach Ausbruch des Krieges, wie schon erwähnt, sein Erscheinen ein=
gestellt hatte. Die erste Nummer zitiert Henri Lavedans Ausspruch: „Le soldat
français rit, partout. C'est une de ses manières." Und dann heißt es weiter
in der Ansprache an die Leser, die das Wiedererscheinen in so ernster Zeit
rechtfertigen soll: „Le Rire ne sera pas le fou Rire, mais le Rire rouge. In
der jetzigen tragischen, aber ungeheuer ruhmvollen Zeit, die wir erleben, ist
Le Rire alles andere als unangebracht, im Gegenteil sehr notwendig; wieviel
Wahrheiten müssen gesagt werden, wieviel Heldentaten von den Meistern der Satire
und der Zeichnung festgehalten werden! Und was besonders Wilhelm II. betrifft
(die Adjektiva sind hier in der Übersetzung weggelassen), muß nicht gerade er
mit dem roten Eisen der Karikatur gezeichnet werden? Dieser Aufgabe werden
sich unsere Mitarbeiter mit allem Eifer und allem Talent und aller patriotischen
Begeisterung widmen usw. usw." Nicht immer scheint übrigens die Redaktion mit
der Zensur Glück gehabt zu haben; schon in der zweiten Nummer beklagt sie sich
darüber, daß ihr „deux admirables dessins de Willette", mit denen sie den Haß
gegen die „massacreurs des femmes et tueurs des enfants" nähren wollte, ge=
strichen worden sind, aber die folgenden Nummern enthalten noch genug Roheiten,
so daß die Redaktion nicht allzu viel Grund hat, sich über die Zensur zu beklagen.
Hin und wieder erscheinen allerdings immer noch leere Flächen an den Stellen,
wo das Blatt verkleinerte Abbildungen aus den Witzblättern des Auslandes bringt,
übrigens sehr unparteiisch und bewundernswerterweise auch solche deutsche Kari=

6

katuren, die Frankreich in sehr derber Weise verhöhnen. So gibt es gleich in der ersten Nummer zwei leere Flächen mit der Unterschrift „Simplicissimus, Munich“. Sieht man nun von den Geschmacklosigkeiten des Inhalts ab, so muß man doch, wenn man gerecht sein will, anerkennen, daß künstlerisch „Le Rire Rouge“ auf einer höheren Warte steht. Kein Wunder: die bekanntesten und bedeutendsten Karikaturisten Frankreichs haben sich hier ein Stelldichein gegeben: Fabiano, Faivre, Gerbault, Guillaume, Léandre, Métivet, Steinlen, Willette usw., also auch ein großer Teil von denen, die früher an der „Assiette au Beurre“ mitgearbeitet haben. Mit dem Text sieht es natürlich böse aus: fast alles läuft auf eine Verhöhnung Deutschlands, besonders des Kaisers und des Kronprinzen, hinaus, und von dem berühmten französischen Esprit ist nicht viel zu spüren. Wie weit der Haß geht, und daß er auch vor den Kindern der Deutschen nicht halt macht, davon möge die nachstehende Übersetzungsprobe ein Bild geben. Was werden wohl später die Franzosen sagen, wenn sie solche Roheiten wieder hervorholen; werden sie sich nicht selber schämen? Die Geschichte nennt sich „La Noël des petits Boches“:

Weihnachten bei den kleinen Boches. „Gut,“ sagte der liebe Gott zum Weihnachtsmann, „dies Jahr brauchst du dir augenscheinlich keine Sorgen zu machen; aus Amerika schickt man von allen Seiten Puppen für die kleinen Kinder in Frankreich, Belgien, England, Rußland und Serbien. Du kannst sie nun verteilen und hast es nicht nötig, auf den Lagern Umschau zu halten.“ — „Das ist alles ganz schön,“ antwortete der Weihnachtsmann, „aber es bleibt mir doch noch weitere Arbeit, wenn es auch nicht gerade die angenehmste ist . . . Du wirst es begreiflich finden, daß niemand in der Welt daran gedacht hat, Puppen für die kleinen Boches zu schicken. Ich muß aber auch ihnen etwas bringen, denn das ist meine Pflicht.“ — „Geh zum Teufel (wenn es mir erlaubt ist, mich so auszudrücken)“, schrie der liebe Gott und stieß mit einem Fausthieb die Wolken weg, die ihm als Kissen dienten, so daß die Barometer in allen

Abb. 85. Djilio: Les Retraites.
(Le Rire rouge, Paris.)

Ländern anfingen zu fallen, „ich will mit diesen Wilden und ihrem Auswurf nichts mehr zu schaffen haben!" — „Aber, lieber Dater, wie soll ich mir die Puppen besorgen?" — „Mach das, wie du willst; ich will mit der Sache nichts mehr zu tun haben!" — Der Weihnachts= mann war sehr verstört, als er den lieben Gott verließ; er wußte nicht, was er nun anfangen und woher er die Puppen für die kleinen Boches nehmen sollte. Plötzlich schlug er sich an die Stirn. Warum war er auch nicht eher auf die Idee gekommen? Warum hatte er nicht schon früher daran gedacht, daß die Boches ja einen Gott für sich haben; sicher würde ihm dieser alte gute Gott die notwendigen Puppen nicht verweigern. Und er suchte und fand ihn zwischen grauen und schweren Wolken, die über der Provinz Brandenburg hingen. Dort trug er ihm sein Ersuchen vor. „Zum Teufel!" schrie der alte gute pommersche Gott. „Du hast gut reden! . . . Übrigens habe ich deinen Besuch schon erwartet. Die Puppen sind fertig und eingepackt. Unser Michael wird dir die Lieferung übertragen; es ist alles erstklassige Ware, made in Germany." Sankt Michael führte den Weihnachtsmann mit verbundenen Augen zwi= schen vier Trabanten hindurch in ein Magazin, wo er ihm die Pakete aushändigte, die in schwarz= weiß=rotes Papier gepackt waren. Der Weihnachtsmann zog wieder ab, bis zur Himmelsgrenze von den vier Satelliten bewacht, die ihn nicht aus den Augen ließen. Dann begann er seine Reise und ließ die Pakete in die Schornsteine fallen. Oft mußte er sich die Nase zuhalten, denn aus den Essen drang der ekelhafte Geruch von Sauerkraut und Würsten und der noch üblere Duft der Boches. — Am nächsten Morgen aber klatschten die kleinen Boches vor Freuden in die Hände, als sie die Sendungen in den deutschen Farben erhielten. Und noch mehr freuten sie sich, als sie die Pakete geöffnet hatten und die schönen Puppen sahen. Das waren auch wirklich wundervolle Puppen! So herrlich, wie sie sie noch nie vorher bekommen hatten; sie stellten im kleinen ein vollständiges Abbild jener Art von Menschlichkeit dar, die ihre Papas zu verwirklichen sich bemühten: der einen Puppe war der Kopf gespalten, der anderen die Hände abgeschnitten, wieder einer anderen die Augen ausgestochen, und einer war der Bauch aufge= schlitzt. Es gab nicht eine einzige, die nicht sorgfältig verstümmelt worden war. — Und die kleinen Boches, aufs höchste erfreut und entzückt, drückten mit Freudentränen in den Augen ihre Puppen an die Brust und riefen: „Gott mit uns! Deutschland über alles."

Diese Probe dürfte vollauf genügen, und wir brauchen nicht erst noch auf den „Carnet de Route de Fritz Schweinmaul", den „Dentiste Boche" und ähnliche „Scherze" einzugehen. Der Inhalt beschäftigt sich sonst mit den üblichen An= griffen gegen den Kaiser und Kronprinzen, welch letzterer mit allen möglichen Gegenständen verschwindet, sogar mit dem Schachbrett Napoleons. Unterschrift: „Non content d'avoir volé le jeu d'échecs de Napoléon le kronprinz collectionne aussi les échecs sur les champs de bataille." Sehr eingehend beschäftigt sich „Le Rire rouge" auch mit dem deutschen „Gretchen", das für ihn die Repräsentantin der deutschen Frau ist, ein plumpes, fettes, ungeschlachtes Weib mit Bammelzöpfen und oft mit Brille (Abb. 79). Auf diesem Bilde treten auch, wie figura zeigt, wieder die obligaten Würste als Attribute des Deutschen in Aktion, die wir schon auf den englischen Karikaturen zu bewundern Gelegenheit hatten. Im Gegensatz dazu wird die Französin als vornehm und mondän gezeichnet, zum Beispiel in einem Bilde von Sabiano „Flirt 1914", auf dem eine elegante Pflegerin einem verwundeten Senegalesen zärtlich die Hände streichelt, während ein im Nebenbette liegender Franzose sich dieser Bevorzugung nicht erfreuen darf.

Abb. 87. Marcelle Arnac: Das harte Brot.
Französische Karikatur auf die angebliche Ungenießbarkeit des
deutschen K - Brotes.

Abb. 88. Federzeichnung aus „Le Héraut".
Zeitung der französischen Gefangenen in Zossen bei Berlin.

Abb. 89. Gorrier und Billau (Gefangene im Lager von Zossen):
Karikatur auf die mitgefangenen verbündeten Russen.
Nach einem Original-Aquarell.

Aber auch gegen die eigenen Schwächen der Franzosen geht das Blatt bis=
weilen mit einer bewundernswerten Offenheit vor. So bekämpft es vor allen
Dingen die gerade in Frankreich infolge der vielen Vetterschaften zahlreichen Drücke=
berger aller Art; gab es doch „Verwalter der eroberten Provinzen", Registratoren der
Milchkühe usw. (Abb. 86). Auf einem Bilde „Les Cadeaux du Trésorier-Payeur" zeigt
Métivet, wie ein Zahlmeister seiner Geliebten eine Menge von Geschenken in Ge=
stalt von Schinken und allen möglichen andern Pateten überreicht („O, welche Fülle
von Aufmerksamkeiten; wird Ihnen denn das nicht zuviel?" — „„Nicht im ge=

Abb. 90. Gorrier und Billau (Gefangene im Lager von Zossen):
Karikatur auf die mitgefangenen verbündeten Engländer.
Nach einem Original-Aquarell.

ringſten, — das war ja für die Schützengräben beſtimmt""). Leroy zeichnet ein ganz=
ſeitiges farbiges Blatt „Les Inconscients"; man ſieht die jammervolle Geſtalt eines
aus dem nordöſtlichen Frankreich geflüchteten franzöſiſchen Bauern am Tiſch eines
Ehepaares („Nun haben Sie mit uns gegeſſen, lieber Freund, nun erzählen Sie
uns auch einmal, wie Ihre Kinder hingeſchlachtet worden ſind.")

In allen Witzblättern werfen ſich die Gegner jetzt gegenſeitig vor, Kinder und
Greiſe in das Heer einzuſtellen. Wenn in Deutſchland und Frankreich Mütter voller
Sorgen und doch voll Stolz ihre noch nicht militärpflichtigen Söhne als Freiwillige

88

Abb. 91. Guido Cadorin: Deutsche Architektur im Orient.
(Die neue Hagia Sophia in Konstantinopel.)
(Il Numero, Rom.)

hingeben, so sollte das eigentlich kein Stoff für Scherze sein — auch in deutschen
Blättern nicht. Wenn französische Blätter die beabsichtigte Einberufung siebzehn=
jähriger Franzosen als Kinderkreuzzug bezeichnen, so ist das doch nur Galgen=
humor. Dieses Thema ist aber unerschöpflich, wie Abbildungen 94—97 zeigen.
Die höchste Hyperbel erreicht Roger Cartier: in einer glänzend gezeich=
neten Linien=Karikatur zeigt er drei hochschwangere Frauen, deren Söhne bereits
im Mutterleibe auf ihre militärische Brauchbarkeit hin untersucht werden. So
absurd der Gedanke ist: die Karikatur selber gehört zu den witzigsten und
besten des ganzen Krieges. Die Darstellung entbehrt jeder Roheit, und das
außerordentlich heikle Thema ist hier mit einer Delikatesse behandelt, wie wir sie
schon früher in den Zeichnungen französischer Graphiker beobachten konnten, die
die gewagtesten Sachen mit so viel Geschick zu illustrieren wissen, daß diese Dar=
stellungen mit pornographischen Erzeugnissen nicht das geringste mehr zu tun haben.
In „Le Rire rouge" begegnen wir einer ganzen Reihe solcher amüsanten Karikaturen,
die um so mehr auffallen, als sie mit Produkten jammervoller Roheiten vereint
stehen. Den größten Raum in „Le Rire rouge" nehmen natürlich die Verhöhnungen

der deutſchen Truppen ein. In einer Zeichnung D'Oſtoyas „En Serbie“ ſieht man die weinenden Frauen und Kinder vor der deutſchen Front („Und da ſagt man immer, wir ſeien nicht galant, wir laſſen die Damen ſogar voran gehen!“) Eine große Rolle ſpielt Joffre, der franzöſiſche Nationalheld der Gegenwart, der Hinden= burg Frankreichs. Charles Léandre widmet ihm das in Abbildung 77 wiederge= gebene ganzſeitige Blatt „Le Silencieux: Joffre. Il ne dit rien, mais chacun l'en= tend.“ Er iſt der Mann, der die Geſchicke Frankreichs leitet, nicht der Präſident Poincaré, die ſonntägliche Spießbürgertype, von dem die franzöſiſchen Zeitungen eigentlich nur noch reden, wenn er anſtandshalber einmal an die Front fährt. — Wie viel „Le Rire rouge“ zuſammenlügt, zeigen die Bilder, die die Deutſchen, be= ſonders den Kronprinzen, auf der Flucht vorführen. Dieſer Gedankengang kommt auch in einer Zeichnung von Djilio zum Ausdruck (Abb. 85), auf der ein Muſikalien= händler dem Kaiſer Noten anbietet: „Hier iſt ein Marſch, ‚Berlin=Paris‘, ein ‚Triumphzug nach Warſchau‘;“ darauf der Kaiſer: „Haben Sie keine Retraiten

Abb. 92. Guido Cadorin: Die Entente unter Dach und Fach.
(Il Numero, Rom.)

Abb. 93. Scarpelli: Der Bibabo. („Sieh einmal, wie garstig er ist. Wenn du nicht artig bist,
wird er dein Baby auffressen!")
(Il Numero, Rom.)

(Rückzüge)?" — Das alles in einem Lande, deſſen Regierung dem Volke auch noch
nicht eine Verluſtliſte zugemutet hat!

Ein anderes ſehr beliebtes Thema iſt das deutſche K=Brot, das ſich die Fran=
zoſen als ein Brechmittel ſchlimmſter Art vorzuſtellen ſcheinen (Abb. 87). Métivet
zeichnet ein Bild „Boulangerie allemande" mit der Unterſchrift: „Après le pain K, le
pain KK. Ca ne sent pas bon un K, deux K, trois K! Cette histoire-là finira par
vingt Q." (Wortſpiel für vaincu = beſiegt). Ein anderes Bild von Maxa zeigt einen
Offizier im Geſpräch mit einem Kinde: „— M'sieur, J'veux faire du pain pour
vos soldats! —" ... ??? —'„... KK!" — Am beſten iſt noch die große farbige
Zeichnung von Abel Faivre „La grande vie à Berlin." In einem eleganten Lokale

THE LAST LINE.

Abb. 94. C. Harrison: Deutschlands letztes Aufgebot.
(Punch, London.)

Abb. 95. Rea Irving: Das fünfte deutsche Reservekorps,
bestehend aus Männern zwischen 60 und 75 Jahren.
(Aus den „Letters of a Japanese School-boy" im „Life", New York.)

Abb. 96. A. Johnson: Frankreichs letztes Aufgebot.
(Kladderadatsch, Berlin.)

Abb. 97. Sidney Greene: Deutschlands letztes Aufgebot.
(Evening Telegram, New York.)

jitzt ein Deutscher, jehr nachläjjig getleidet, wie ihn jich der Franzoje vorjtellt; der Primgeiger tritt an den Tijch und fragt: „Quelle morceau, M'sieur, préfère-t-il?" Die Antwort lautet: „Un morceau de pain."

Der Verlag von „Le Rire" hat zu Weihnachten und Neujahr eine Poftkarten= jerie herausgegeben, um dieje an die Soldaten ins Feld zu jchicten: (Les Voeux de la France à nos Soldats pour Noël et le Jour de L'An. 12 Cartes Postales en cou- leurs. Publiées par le Journal Le Rire rouge.) Sie jind verhältnismäßig anftändig, teilweije jogar jentimental. Es jind Zeichnungen von Barrère, Delaw, Faivre, Fabiano, Florès, Guillaume, Gerbault, Métivet (Joli cadeau a faire à nos soldats; eine eljäjjijche Puppe mit dem Lorbeerzweig des Siegers), Meunier, Roubile, Vallet, Willette (Les étrennes de Marianne; die franzöjijche Republit mit Eljaß und Lo= thringen an der Hand). Die Karten tragen jämtlich franzöjijchen und englijchen Text und jind jehr ftart anglophil gehalten. Wollte man nun hiernach urteilen, jo wäre es mit der angeblichen geheimen Feindjchaft der Franzojen gegen die Eng= länder nicht jo jchlimm.

Als die deutjchen Zeitungen berichteten, es würde notwendig jein, die zirta 20 Millionen Schweine in Deutjchland aus Mangel an Futter zu jchlachten, brachte Bigot ein Bild „Les derniers mobilisés", ein Schwein, mit tränenden Augen im Gejpräch mit einem Metzger: „Sagen Sie Sr. Majeftät dem Kaijer, daß auch wir 22 Millionen Schweine bereit jind, unjer Blut für das deutjche Vaterland zu ver= gießen."

Wejentlich harmlojer ift eine, für Freunde von Sprachjcherzen nicht uninter= ejjante Karte mit folgendem Text (ein Gejpräch zwijchen dem Kaijer und einem Arzt):

Abb. 98. „Odaliske ‚Victoria‘, der Sultan ruft Euch!" „„Der ruft mich jchon jeit drei Jahren... aber ich bin nicht für ihn gejchaffen!"

(Pasquino, Turin.)

Abb. 99. Ein Titelblatt der neugegründeten italienischen Zeitschrift „Il Numero".

Docteur, je re **Metz** entre vos mains mon auguste **Pér (s) onne.** Je re. .
Sens Toul les **Meaux.** J'ai mal dans l'**Aisne** et ma **Vistule** me fait souffrir.
Je suis **Arras** .. se. **Mézières** en **Guise** de **Bouillon** j'ai pris du **Champagne**
et ça me **Reims** les boyaux.

Sire, quand on m'a appelé j'ai dit **Givet** de **Spa.** Quelle **La Fère!** votre
Majesté était **Seine** quand elle vivait dans l'**Oise** .. iveté elle marchait les **Rhin**
Cambrai.

Oui, c'est l'**Anvers** de la médaille, je ne **Craonne** plus maintenant j'ai **La**
Ferté bien abatue.

Je trouve votre pouls un peu **Laon,** il faudrait prendre de l'elexir de **Longwy.**

Die durch fetten Druck hervorgehobenen Städtenamen bezeichnen die Orte,
an denen nach Meinung der Franzosen die Deutschen Niederlagen erlitten
haben oder zum Rückzug gezwungen wurden; diese sind mit gleichen oder
ähnlich klingenden Worten der französischen Sprache, die Krankheitssymptome

Firenze, 17 Aprile 1915 | RIVISTA SATIRICA SETTIMANALE | Num. 19 · Cent. 5

Quadri storici

MIRABEAU E LUIGI XVI

Abb. 100. Ein Titelblatt des neugegründeten italienischen Witzblattes „Il 42⁰“, das nach dem deutschen 42 cm-Mörser benannt ist.

schildern, in Verbindung gebracht. Die Übertragung in richtiges Französisch lautet: „Docteur, je remets entre vos mains mon auguste personne. Je ressens tous les maux. J'ai mal dans l'aine et ma fistule me fait souffrir. Je suis harassé. Mais hier en guise de bouillon j'ai pris du champagne, et ça me rince les boyaux etc. — Je trouve votre pouls un peu lent, il faudrait prendre de l'élixir de longue vie.“ In deutscher Übersetzung: „Herr Doktor, ich lege in Ihre Hände meine hohe Person. Ich fühle wieder alle Übel. Ich habe Schmerzen in der Leistengegend, und meine

Abb. 101. Der Tapfere. „Madame, Sie haben kein Recht, mich feige zu nennen; wissen Sie nicht, daß die Fliegen (mouches) schädlicher sind als die Boches?"
(Le Matin, Paris.)

Abb. 102.
Schwedische
Karikatur auf
den Treubruch
Italiens.

„Nun habe ich mein
Schwert so lange ge-
schliffen, bis ein
Dolch daraus gewor-
den ist".
(Söndags Nissen.)

Al primo degli italici cantori
che ora fronteggia l'allemanno fuoco
si manderà dell'oro affinchè un poco
fronteggi il fuoco dei suoi creditori

Abb. 103. Italienische Karikatur auf D'Annunzio.
Aus der Weihnachtsnummer 1914 von „Il Numero".
(Die italienischen Verse ahmen den Stil Annunzios nach.)
„Dem ersten der italienischen Dichter, der jetzt dem deutschen
Ungestüm die Stirn bietet, wird man Gold schenken, damit er auch
dem Ungestüm seiner Gläubiger die Stirn zu bieten vermag".

Fiftel läßt mich leiden. Ich bin abgemattet. Gestern habe ich an Stelle von Bouillon
Champagner genommen, und das durchwühlt mir die Gedärme. — . . . . — Ich
finde Ihren Puls etwas langsam, es würde nötig sein, Lebenselixir zu nehmen!" —
    Solche Sprachscherze scheinen in allen Feldzügen aufzutauchen. Auch im
amerikanisch-spanischen Kriege von 1898 waren sie an der Tagesordnung.
    Vergessen werden dürfen auch nicht die Karikaturen der bekannten Pariser
Tageszeitungen. Die meisten bringen täglich von bekannten Künstlern Beiträge, die
sich mit ähnlichen Themen beschäftigen wie die Wochenblätter. Zeichnerisch sind
sie meist recht gut. Mit wie wenig Strichen sind beispielsweise auf der hier abge=
bildeten Karikatur (Abb. 83) von Sacha Guitry aus „Le Journal" die charakte=
ristischen Züge des österreichischen und des deutschen Kaisers wiedergegeben! Das
Gesicht Wilhelms II. ist nur durch eine einzige Schnurrbartlinie dargestellt, und
doch wird ihn niemand nach der Abbildung verkennen. —
    Der am wenigsten verhaßte von allen Geistern, die verneinen, muß sich ungleich
zahmer betragen, wenn er sozusagen unter militärischer Kontrolle steht, wie es bei dem
Blatte „Le Héraut" der Fall ist, das die französischen Gefangenen im Lager von Zossen
herausgegeben haben. Es ist nur eine Nummer erschienen, und diese ist schon heute
eine bibliophile Seltenheit. Das vom lithographischen Stein abgezogene, vier Groß=
folioseiten umfassende Blatt ahmt nicht ungeschickt den Stil der großen französischen

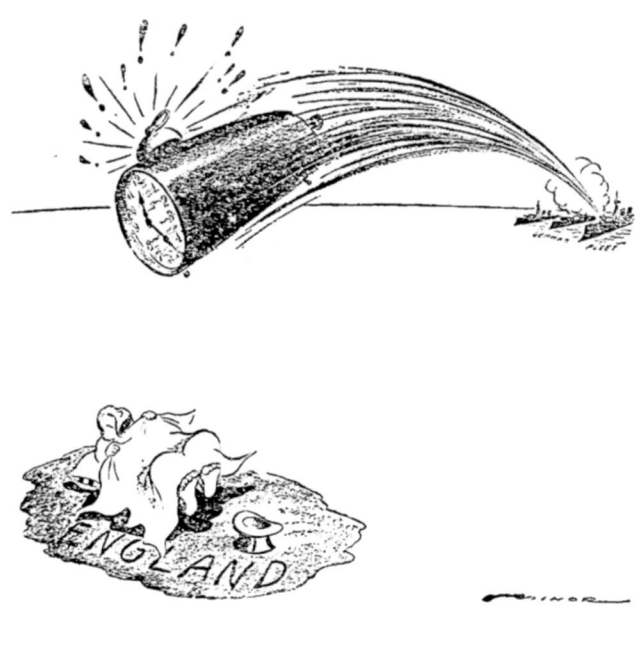

Abb. 104. Robert Minor: Die Weckeruhr.
World New York.)

Tageszeitungen nach. Rédacteur principal ist ein gewisser Eugène Die..ne; als Chefredakteur zeichnet Luc Sichtner, der auch im Anzeigenteil sein Pelzgeschäft in Paris empfiehlt. Dieser Annoncenteil ist durchaus ernst gemeint; er gibt ein treff= liches Bild davon, welchen Ständen die französischen Gefangenen angehören. Wir finden da Inserate über die Baumschulen Legrur in Douai, über die Milchzentrifuge Cambraisienne in Maubeuge usw. usw. Leitartikel, wissenschaftliche und Sport= nachrichten, nichts fehlt. „Le but essentiel du Héraut est de propager sous une forme gaie, vivante, et de faire comprendre, l'esprit de Fraternité. . . . Nos pensées restent graves; sans l'oublier jamais, qu'il nous soit permis de chasser le cafard, suivant l'expression imagée des coloniaux, surmontant le regret de la Patrie éloignée, par une réaction de gaîté saine et de bon aloi, légitime et néces-saire..." — Nette Federzeichnungen sind in den Text eingestreut, von denen Abb. 88 eine Probe gibt.

Unter den Jossener Gefangenen sind auch eine Anzahl Künstler und Lehrer, die sich ihre freie Zeit durch Anfertigung von scherzhaften Originalaquarellen ver-

Abb. 105. Der einzige Überlebende.
Amerikanische Karikatur.

treiben, die von guter Begabung zeugen und denen infolgedessen auch ein künstle-rischer Wert nicht abzusprechen ist. Zwei dieser farbigen Originale auf Postkarten sind hier in schwarzer Reproduktion abgebildet (Abb. 89 und 90). Spottblätter auf die mitgefangenen „Verbündeten". Andere Karten zeigen, zum Teil in sehr derber Darstellung, „Les Aborts", „Toilette intime", „A la Queue" (das Essenfassen; hier hat der Künstler, um die Schmarre im Original auf der Karte verwenden zu können, sogar auf die eigene Ration verzichten müssen).

In Frankreich selbst sind die in der Etappe, ja sogar im Schützengraben er-scheinenden Zeitungen (im Stile unserer Bierzeitungen) fast noch zahlreicher als bei uns, wenn sie auch an Güte lange nicht an die Liller Kriegszeitung heranreichen, die wohl das weitaus Beste in ihrer Art darstellt. Auch in der Vergangenheit haben weltgeschichtlich bewegte Zeiten solche Gelegenheitszeitungen hervorgebracht. Man denke an die zur Zeit der Choleraepidemie 1831 erschienenen Blätter, an die zahl-reichen kurzlebigen Zeitungen des Jahres 1848. Und ganz besonders hatte „Le

Die kranke Marianne.

„Sie leiden an der Englischen Krankheit, Madame; ich
habe Ihnen hier ein deutsches Pulver verschrieben, das
wird helfen!"

Abb. 107. Arnold: Deutsche Feldpostkarte aus Lille.

Héraut" schon 1870 einen Vorgänger in der Zeitung „Prométhée", die französische
Gefangene in Spandau herausgaben und die heute zu den gesuchtesten Seltenheiten zählt.

Es gibt nur ein Land, dessen Presse Frankreich im Deutschenhaß zu überbieten suchte, und das ist Italien. Ist man doch dort so weit gegangen, zu dem Zwecke,
Deutschland und Österreich zu bekämpfen und Italien zum Kriege gegen seine Verbündeten zu hetzen, eigens Witzblätter zu gründen. „Il Numero" ist ein solches
Erzeugnis des Krieges, dem die Aufgabe zufiel, die Leidenschaften gegen die italienische Neutralität und die Zentralmächte, vor allen Dingen gegen Österreich,
zu schüren. Von den italienischen Witzblättern steht künstlerisch dieser „Il Numero"
immerhin am höchsten. Was die andern leisten, ist unsagbar trostlos. Auch das
Blatt des italienischen Klerus „Il Mulo", das in Bologna erscheint und wohl so
ziemlich das einzige ist, das nicht deutschfeindlich auftritt, sondern eher noch eine dem
deutschen Reiche gegenüber freundliche Absicht verfolgt, besitzt unter seinen Zeichnern nicht einen, der auch nur den geringsten Ansprüchen, die man an einen Karikaturisten stellen muß, gerecht wird. Immerhin soll ausdrücklich anerkannt werden,
daß der italienische Klerus hier ein Blatt geschaffen hat, das wenigstens das ver-

Abb. 108. Rich. Rost: Jm Dreadnought-Lazarett in Malta.
Jugend, München.).

bündete Deutſchland und Öſterreich nicht angreift. „Jl Mulo" kämpft wie „Baſtone" „gegen franzöſiſche Freimaurerei und engliſchen Krämergeiſt". Ein doppelſeitiger Karton in der Weihnachtsnummer richtete ſich ſogar ausdrüdlich gegen Frankreich, weil es ſich mit dem Waffenſtillſtand während der Weihnachtsfeiertage nicht ein= verſtanden erklärt hatte.

Ganz beſonders arbeitet das Witzblatt „Aſino" gegen die beiden Kaiſer der Zentralmächte; es iſt auch nicht einmal andeutungsweiſe möglich, den Jnhalt der Schmähbilder, die ein gewiſſer Rata Langa verbrochen hat, wiederzugeben. Die Exiſtenz eines ſolchen Blattes wäre in Deutſchland unmöglich, ſelbſt wenn es ſich nur gegen die Feinde richtete. Das, was „L'Aſino" bietet, ſtellt den tiefſten Grad von Derleumdung und Lügen dar, der denkbar iſt. Dabei ſprüht in dem ganzen Blatt kein Funke von humor auf, der vielleicht noch mit einem oder dem andern

Abb. 109. Max Richter: Der Saisontanz 1914/15.
(Ulk. Berlin.)

der „Scherze" versöhnen würde. Allerdings hat ja gerade Italien nie Überfluß an
Witz besessen. Vielleicht sind auch diese Exzesse wüster Geschmacklosigkeit auf me=
tallische Händedrücke der Alliierten zurückzuführen. Eine besondere Rubrik „Te=
descherie" verzeichnet Schandtaten der Deutschen, gegen welche jene in fran=
zösischen Blättern beinahe als sanft bezeichnet werden müssen. Die meist in Grün
und mit starkem Rot gedruckten Abbildungen haben schon äußerlich etwas Blut=
rünstiges. Abbildung 82 gibt eine der zahmsten wieder. Den Höhepunkt der Ge=
meinheit erreichte das Blatt in seiner Weihnachtsnummer, wo es unter dem Titel
„Il Natale Tedesco" einen betrunkenen deutschen Soldaten zeigt, wie er mit seinem
Bajonett das Jesuskind aufspießt, während ein anderer die Mutter Maria ermordet,
ein dritter den heiligen Josef erwürgt und zwei andere den Esel seiner Habe berauben!

Abb. 110. Bülow: „Lieber Freund, hier bin ich!" Salandra: „ „Einen Augenblick! Sieh dir
mal erst ein wenig meinen Kopfschmuck an!" "
(Il Punto.)

Das bereits erwähnte neue satirische Wochenblatt „Il Numero" steht, wie schon
gesagt, künstlerisch wesentlich höher. Eine ganze Reihe geschickter Zeichner arbeiten
dafür. Die Nummern, die zehn Centesimi kosten, haben oft einheitlichen, geschlosse=
nen Inhalt; so wendet sich beispielsweise ein Heft gegen die Schweiz, die angeblich
ihre Neutralität in allzu deutschfreundlichem Sinne ausgenutzt hat. Auch der 42 cm=
Mörser spielt in diesem Blatte eine große Rolle, wie in der Zeichnung „Der Gleich=
macher" von Nirsoli (Abb. 36). Cadorin zeichnet die kommende Hagia Sofia in Kon=
stantinopel (Abb. 91). Ein anderer Künstler, Scarpelli (scarpe = Schuhe; daher die
Signatur links unten) zeigt den deutschen Kaiser, wie er das durch die Neutralität
„gefesselte" Italien mit der Türkei schreckte (Abb. 93). Zu den zahlreichen Blättern
gegen den österreichischen Kaiser gehört eine Zeichnung von Nasita „La Bocca
del Cattaro", ein Ausdruck der Freude über die Beschießung dieses süddalmatinischen
Hafens durch die französische Marine, die ja übrigens recht trostlos verlief und an
jenen berühmten „Sieg" der Franzosen bei der Beschießung des Leuchtturmes
Pelagosa erinnert; damals bestand die Beute aus den Unterhosen des Leuchtturm=
wächters, zwei alten Hennen, dreißig jungen Hühnern, zwei Tauben, einer Ziege,
einem Kanarienvogel und einem halben Hektoliter Wein, die alle von den fran=
zösischen Matrosen mitgeschleppt wurden. — Daß auch die italienischen Zeitungen
den Krieg in Gestalt von Karikaturen verarbeiten, zeigt Abbildung 110; auch in dieser
kurz vor Eintritt Italiens in den Krieg erschienenen Zeichnung kommt bereits die
deutschfeindliche Tendenz zum beredten Ausdruck.

Abb. 111. Grandjouan: Bulgariens Entscheidung.

L'Europe: „Que veux-tu, enfant terrible, du alva turc ou du caviar russe?"
Ferdinand: „Ah, maman Europe, comme j'aime la Macédoine!"
(Europa: „Was willst du, schreckliches Kind, türkischen Honig oder russischen
Kaviar?" Ferdinand: „Oh, Mama Europa, ich liebe Balkan-Allerlei! Ma-
cédoine bedeutet im Französischen sowohl Macedonien, wie auch ein Gericht von
allerlei Gemüsen oder Früchten.))
(Le Rire Rouge, Paris.)

Seit dem Herbste 1915 ist aber Italien unzufrieden, auch mit seinen neuen
Verbündeten. Die Ereignisse überstürzen sich, besonders auf dem Balkan! Rumänien,
das früher schwankte (Abb. 113), will, wie Griechenland, seine Neutralität wahren
und nicht mitmachen, Bulgarien hat seine Entscheidung getroffen und sich den
Zentralmächten angeschlossen, weil es, seine Interessen richtig erkennend, sich nicht
an ein abwärts rollendes Rad binden wollte (Abb. 111). Schon vor Monaten hat
Jordaan im „Notenkrater" gezeigt, wo man England an der Gurgel packen
muß (Abb. 27).

Kein Wunder, daß der „Figaro" schon im Oktober 1915 jammert: „Wenn
die Deutschen in Konstantinopel einrücken, wenn sie weiter die große Handels-
straße von der Elbmündung zur Mündung des Euphrat und Tigris eröffnen, dann
ist es um die englische Weltherrschaft geschehen. Das ganze großartige Gebäude
des britischen Reiches wird dann bis in seine Fundamente ins Wanten
gebracht, von Zypern bis nach Ceylon, vom Nil bis zum Ganges. Aber wenn die
bepickelhaubten Hyperboreer und ihr Kaiser den Bosporus erreichen, so bedeutet

Abb. 112. Britisches Phlegma. „Ich möchte den Herrn General bitten, statt des Stacheldrahtes einen einfachen Zaun anlegen zu lassen, damit unsere Fußbälle nicht leiden."
(Careta, Rio de Janeiro.)

Abb. 113. Mad-Odessa: Das schwankende Rumänien.
(Le Rire Rouge, Paris.)

Abb. 114. Die große Schlacht. Napoleon: „Herrlich, wie sich unsre Truppen verteidigen.“
Moltke: „Und unsre sich schlagen.“ Bismarck: „Fast noch besser als zu unsrer Zeit.“
(Campaña de Gracia, Barcelona.)

das auch das Ende des ruſſiſchen Reiches. Es iſt desgleichen zu Ende mit der
Beſtrebungen Italiens in der Levante, die ſie als Erbe der Cäſaren überkommen
haben.· Alles, was Italien dann zu tun hat, beſchränkt ſich darauf, wieder einmal
wie zu Dantes Zeit, die Herberge des Volkes von vorwitzigen Altertumskrämern und
teutoniſchen Hochzeitsreiſenden zu ſein (!), während zur ſelben Zeit germaniſche
Eiſenbahnlinien über die alten Römerſtraßen laufen, öſtlich von der Adria wie in
Aſien des Lukullus und Pompejus."

Abb. 115. Saturn zur Erde: Anfänger!!
Amerikaniſche Karikatur.